행복을 유지하는 기술

인생아 고맙다

원하는 대로

생각하는 대로

꿈꾸는 대로

구자맹

봄이면 아지랑이가 곱게 피던 충남 당진에서 태어나 아미산을 바라보며 어린 시절을 보냈다. 경기대학교와 성균관대학교에서 공부하였으며, 고속도로와 인연이 되어 34년을 한국도로공사와 함께 하였다. 타고난 성정 탓인지 빛나는 주연보다는 오래 남을 수 있는 조연이 더 어울리는 삶을 살아 왔고, 이 세상에 진 빚을 갚고 세상을 위해 복된 삶의 가치를 나누고자하는 욕심을 여전히 가지고 있다. 퇴직 후, 빛나는 인생의 오후를 꿈꾸며 지금까지 살아온 날들보다 지금부터 살아갈 날이 더 좋을 것이라는 믿음으로 행복한 삶의 궤적을 그리기 위해 오늘도 인생의 그릇을 닦아가고 있다.

행복을 유지하는 기술
인생아 고맙다

초판1쇄 인쇄 l 2025년 12월 10일
초판1쇄 발행 l 2025년 12월 10일
펴낸곳 l 도서출판 그림책
지은이 l 구자맹
디자인 l 이정순 / 정해경
주 소 l 경기도 수원시 영통구 이의동 웰빙타운로 70
전 화 l 070-4105-8439
E - mail l khbang21@naver.com
표지디자인 l 토마토

행복을 유지하는 기술

인생아 고맙다

원하는 대로

생각하는 대로

꿈 꾸는 대로

행복을 유지하는 기술
인생아 고맙다

잔잔하고 평화로운 인생의 바다 위에 내가 서 있다. 지나온 내 삶의 나날들을 파노라마처럼 수평선 위에 펼쳐본다. 인생을 되돌아보는 것은 추수가 다 끝난 시골의 한적한 들녘을 자동차로 여유롭게 달리는 것과 같은 것이다. 한 번 지나면 다시는 되돌아갈 수 없는 순간들의 연속… 어떤 날은 맑은 날, 또 어떤 날은 흐린 날, 그리고 또 다른 날은 비 오는 날이었다.

이 글은 세상의 중심에서 벗어나 지난 삶을 리뷰하면서 나만의 인생 이야기가 담긴 집을 짓고 싶은 욕심에서 출발했다. 이것은 흔한 인생 스토리이지만 나 자신의 삶 이야기이다. 나의 스토리는 내가 언젠가 한 번쯤 읽었던 글귀, 언젠가 한 번쯤 들었던 이야기들을 함께 모아 양탄자처럼 촘촘히 짜 보았다. 다시 말해 이 책은 무수한 현자들의 보석 같은 깨달음과 우리와 같은 사람들의 이야기를 '인생'이라는 제목의 보자기 위에 펼쳐서 많은 이들과 함께 나누고자 한다.

누군가와 대화의 주제가 궁할 때, 삶이 무엇이냐고 세상 사람들에게 물어보고 싶을 때, 그리고 나의 삶을 돌아보고 싶을 때 이 책에서 힌트를 얻을 수 있는 무엇인가를 발견하였으면 하는 바람과, 차 한 잔을 앞에 두고 갑자기 편치 않은 침묵이 흐를 때 이 책이 도움이 되기를 바라는 마음이다. 특별하고 새로운 인생의 지혜라기보다는 아주 평범하지만 잊기 쉬운 깨달음들을 이 책에 녹여 놓았다.

이 책은 책꽂이에 있는 것이 아닌 책상 위에 올려놓고 눈에 보일 때마다 한 구절이라도 읽어보고 싶은 책, 내가 어디에 서 있고 어디로 어떻게 가고 있는지 자신을 돌아보고자 할 때, 그리고 고단한 삶과 인생이라는 깊은 물음 앞에서 나 자신을 위해 위로와 충전이 필요할 때 손이 가는 책이고자 한다. 이 책은 마약과 같이 잠시 위안과 평안을 주는 감성팔이용 힐링 에세이가 아닌, 삶의 소중함과 가치를 느끼고 자신을 사랑하게 되는 길로 안내하는 행복한 삶의 길라잡이가 되었으면 한다.

풀잎에도 상처가 있는데 사람에게 생채기 하나 없다면 삶의 의미를 잘 모르는 사람일 것이다. 그리고 인생에 정답은 없다. 그러나 우리는 살면서 그 답을 찾아가는 노력만큼은 계속해야 한다. 이 책이 세잎클로버 속에서 네잎클로버를 찾듯이 우리 삶의 길에서 만나는 그런 조그만 행운이 될 수 있기를 바란다. 그리고 희망으로 가는 내비게이션이 되기를 바란다. 우리는 살면서 "인생아, 고마웠다"라는 말을 스스로에게 건네면서 내 인생에 박수를 보내는 마음을 가져야 한다. 센 바람에도 강물이 길을 바꾸지 않는 것처럼, 우리가 살아온 삶이 우왕좌왕하고 흔들렸을지라도 결국은 큰 행복의 바다로 거침없이 흘러가야만 한다.

우리 삶은 행복이라는 연필심을 스스로 키워가는 것이 아닐까? 그리고 그 삶의 주인은 당연히 내가 되어야 하고 삶을 위한 노력은 온전히 나의 몫이 될 수밖에 없다. 우리의 운명에는 만약도 없고 인생에서 늦은 순간이란 없다. 기다리지 않아도 봄은 오지만 그때까지 마냥 기다릴 수만은 없다. 오늘 우리의 삶은 현실이고 내일은 내일의 바람이 분다. 그 바람에 나의 희망을 담아 늘 행복이라는 산들바람으로 다가오기를 기대해 본다. 이 책을 펼치는 모든 이들이 삶의 의미를 되새겨 보고, 지난 날의 상처를 치유하며 미래를 바라보고 자신을 더 사랑하는 계기가 되기를 희망해 본다. "당신에게 오늘은 행복이 어울립니다"라고 하는 따뜻한 말을 전하면서, 희망의 봄에 피어나는 따스한 아지랑이 속에서 인생의 봄을 새롭게 만나는 지혜와 행복의 지침서가 될 수 있기를 바란다.

CONTENTS

행복을 유지하는 기술
인생아 고맙다

하나.   나의 인생을 읽어라

둘. 연두색이 아름다운 이유는

셋. 삶은 그냥 잘 견디는 것

여섯. 행복이야 우리 마음이지

하나.   나의 인생을 읽어라

1. 나에게 고맙다

여러분은 살면서 자신에게 꽃 한 송이를 선물해 본 적이 있으신가요? 우리는 살면서 내가 좋아하는 사람, 존경하는 사람 또는 축하해야 하는 자리에서 다른 사람에게 꽃다발을 건넨 경험이 있습니다. 그러나 정작 나 자신에게는 어떤가요?

오늘만큼은 거리를 지나가다가 꽃집이 보이면 나를 위해 '꽃 한 송이'를 사봅시다. 우리는 살면서 남에게는 친절하면서 정작 나 자신에게는 왜 이리 인색한가요?

우리는 하루하루를 살면서 열심히 세상을 살아내고 있는 나에게 "수고했다", "고맙다"라고 자신에게 사랑과 감사의 마음을 보내고 표현을 해봅시다. 그리고 나의 마음이 넘어지면 그 누군가의 도움도 받아봅시다. 그리고 "수고했어", "잘해 왔어", "지금까지 오느라 고생했다"고 나를 스스로 위로하고 응원해 줍시다. 부처가 "천상천하 유아독존(天上天下 唯我獨尊)"이라고 자신을 말한 것처럼, 나 자신이 너무나 소중한 존재이기에 내가 먼저 나 스스로를 아끼고 위로해 주고 응원을 해줍시다. 산다는 것은 자기만의 스타일로 자기 집을 짓는 것이라고 합니다. 그 집이 갖는 모양새와 멋 등은 내가 스스로 알아서 구상을 하고 그 스타일은 나 스스로 만들어 가는 것입니다. 우리의 삶도 그런 것이 아닌가요? 그리고 그 집을 아름답게 꾸며가는 것 또한 온전히 나의 몫이듯 나에게는 너무나 고마운 삶도 그렇습니다.

나는 요즘, 세월이라는 흐름 속에서 현재의 삶 못지않게 미래의 삶에 대한 많은 생각을 하게 되고 세상의 목소리에도 귀를 기울이게 됩니다. '나이 들수록 혼자가 되어야 한다'는 이야기, 그러기에 '무소의 뿔처럼 혼자서 가라'는 이야기, '인생은 단체전이 아니고 개인 종목이기에 개인의 삶이 그 무엇보다도 중요하다'는 이야기 등등 분명히 맞는 이야기입니다. 누구도 내 인생을 알아주지 않는다는 것도 사실이고, 나의 삶을 남과 비교하지 말고 어제의 나의 삶과 비교하라는 말도 맞는 이야기입니다.

인생은 마라톤과 같이 나 자신과의 고독한 싸움이며 그러기에 더 소중한 것입니다. 내 삶을 끝까지 믿어주는 것은 오로지 나 자신뿐이고, 그 책임 또한 나 자신의 몫이기 때문입니다. 우리 삶의 행복도 상대적인 것이며 나만의 잣대로 스스로 만들어 가는 것입니다.

아침 햇살에 빛나는 영롱한 이슬도 뱀이 먹으면 생명을 위험하게 하는 독을 만들지만, 새가 먹으면 자연의 신비를 느끼게 하는 아름다운 노래 소리를 만들어 낸다는 이야기가 있습니다. 이는 우리 모두에게 똑같이 주어진 삶의 시간들도 어떻게, 어떤 방법으로 쓰느냐에 따라 그 결과가 크게 달라진다는 의미입니다. 분재 기술자들은 나무들의 키는 크지 않으면서 생명만 유지하도록 관리하고 키워갑니다. 즉, 나무의 성장 잠재력을 제거하기에 나무는 원래의 크기대로 성장할 수 없는 것입니다. 사람도 이와 마찬가지입니다. 세상에 많은 사람들이 분재된 나무처럼 살아가고 있습니다. 자기의 상황이나 처지 등 환경에 자기를 가두어 놓고 성장과 발전 가능성을 스스로 잘라내면서 살아가는 사람들이 많이 있습니다. 자기 자신의 내면의 잠재력을 꺼내어 성장과 희망이 있는 삶으로 만들지 못하고, 긍정보다는 부정을, 성공보다는 실패를, 그리고 희망이 없는 삶으로 자기의 인생을 이끌어가고 있는 것입니다.

『실낙원』을 쓴 영국의 존 밀턴(J. Milton)은 "아침에 그날의 날씨를 알아볼 수 있듯이 사람도 어린 시절을 보면 그 사람의 미래를 알 수 있다"고 말하였습니다. 이 말은 우리나라에서도 "잘될 나무는 어려도 떡잎부터 알아본다"는 이야기와 일맥상통하는 이야기입니다. 우리도 내가 가진 능력을 드러내고 키워서 자신을 성장시키고, 나와 세상을 위하여 열심히 살아온 자신을 더없이 소중히 하고 격려해 주어야 합니다. 그것이 내 삶의 주인공으로 주인의 역할을 하는 것이며, 잘 살아가는 비결이기도 합니다.

사향노루가 코끝에 와 닿는 은은한 향기를 느끼고 그 향기를 쫓다가 절벽에서 추락하여 죽는 순간까지 향기의 정체가 바로 자기 자신이라는 것을 알지 못했던 것처럼, 우리는 스스로의 삶이 값진 향기를 풍기고 있는 소중하고 가치 있는 존재라는 사실을 한시도 잊어서는 안 됩니다.

인생은 선택의 과정이자 나 스스로 만들어가는 것입니다. 누구나 여러 갈림길에서 선택을 하는 순간들이 모아져서 삶을 이어갑니다. 인생은 평생 읽어도 다 읽지 못하는 책과 같다고 합니다. 나에게 "고맙다"라는 말이 어울리는 인생의 한 토막이 되는 오늘 하루를 우리는 만들어 가야만 합니다. 오늘이 아름다운 꽃들이 자태를 뽐내는 봄일 수도, 폭염이 우리를 지치게 하는 여름의 한복판일 수도, 계절을 잡아두고 싶은 시월의 멋진 어느 날일 수도 있습니다. 그러나 이 멋진 날들이 아주 오랫동안 우리와 함께 했으면 좋겠습니다. 달달한 인생을 맛보는 복된 하루가 우리의 친구가 되기를 바랍니다. 세상 사람들 모두에게 똑같이 주어진 하루가 행복이란 가치로 채워지는 하루가 되기를… 나는 지금도 행복하고 싶고 내가 이 세상을 등지는 순간까지 "인생아, 고마웠다"는 말을 하면서 떠나고 싶습니다. 세상은 말합니다. 지금 우리가 행복할 줄 알아야 5년, 10년 후에도 더 행복해질 수 있다고…

열심히 사는 사람들이 잘하지 못하는 것은 잠시 멈추는 것이라고 합니다. 지금 이 순간 잠시 멈추어 서서 나는 어디에 어떻게 서 있는지 한 번 돌아봅시다. 거울 앞에 서서 자신을 향하여 미소를 지어보고 그 모습이 아름다우면 삶을 잘 살고 있는 것입니다. 그런 나에게 다시 한 번 '고맙다'라는 말을 진심을 담아서 전해봅시다. 그것은 어찌 보면 내 삶의 주인으로서 의무이자 예의인지도 모릅니다.

2. 인생은 잘 놀다 가는 것

어느 날 버스를 타고 이동하던 중, 라디오에서 흘러나오는 대중가요 가사가 나의 마음을 흔들어 놓았습니다. "삶이란 인생이라는 마당에서 잘 놀다 가는 것"이라고. 삶을 깊이 생각할 겨를도 없이 뭔지 모르게 마음의 바쁨 속에 몸을 맡기고 움직이던 나에게 불현듯 '이건 뭐지?'라는 생각이 들었습니다.

대중가요란 세상 사람들의 삶과 생각을 가요라는 수단을 통하여 우리에게 전달해 주는 예술의 한 장르에 불과합니다. 그러나 때론 가사에 담겨 있는 의미가 우리의 마음을 움직이게 합니다. 나도 언젠가부터 삶의 의미, 내 인생, 그리고 행복 등에 대하여 생각해 보는 시간이 많아진 것 같습니다. 셰익스피어가 말하길 "인생이란 내가 주인공이 되는 한 편의 드라마"라는데, '내 인생 드라마는 어떠한가?' 하고 물어보기도 합니다. 이제 진짜 나도 어른으로 철이 든 것일까요?

약 2300여 년 전에 살았다는 철학자 장자. 수천 년을 앞서 살았던 철학자였지만 그 옛날에도 삶에 대한 사유는 현대인보다 더 깊었던 것 같습니다. 우리는 무엇을 위해 사는가? 라는 질문에 장자가 말하길, 인생에서 잘 산다는 것은 "잘 놀다 가는 것"이라고. 여기서 '잘 논다'

는 의미는 완벽한 자유를 말하고, 자유롭다는 것은 부, 명예, 권력 등 다양한 욕망으로부터 자유로움을 말합니다. 수천 년 전이나 현대나 삶에 대한 근본적 질문은 마찬가지인 것 같습니다. 우리 인생은 나 자신이 내 삶의 주인공이 되어서 온전히 잘 사는 삶을 의미하는 것이라고 할 수 있습니다.

우리보다 수천 년을 앞서 살았던 장자는 많은 세월을 건너서 보통 사람들의 사고와 한계를 뛰어넘는 언어로 사람들의 생각의 지평을 넓히고 세상을 새로이 인식하도록 했습니다. 그리고 그 오랜 과거에 벌써 "절대적 자유의 경지"를 설파했습니다.

장자의 생각은 사람이 완전한 자유를 가질 때 잘 놀 수 있다는 의미이고, 부와 명예 그리고 욕망으로부터 자유롭다는 의미를 뜻합니다. 돈이 많으면 정말 좋습니다. 자기 몸을 괴롭혀서 열심히 부를 쌓고 세상과 싸워서 재산을 축적하지만, 그 돈을 다 쓰지는 못합니다. 물질적인 것과 자기만의 가치관에 집착하는 것은 바람직하지 않습니다. 돈은 건강하게 살아 있는 동안 하고 싶은 일을 할 수 있는 자유를 줄 뿐이고 대부분 유산으로 남기는 현실에서, 집착하고 속박되는 것은 바람직하지 않습니다.

수천 년을 앞서서 살았던 장자는 놀랍게도 "절대 자유의 경지"에 대하여 이야기하였습니다. 이는 소요유(逍遙遊)라는 단어로 설명됩니다. 소요유는 노닐 소(逍), 노닐 요(遙), 놀 유(遊)의 문자적 의미, 즉 바람에 따라 나부끼는 연의 꼬리와 같이 얽매이는 바가 없이 자유롭게 노니는 것을 말한다고 합니다. 즉, 장자가 말한 소요유는 어떠한 것에도 얽매이지 않고 자유로운 경지에서 노니는 정신을 말합니다.

장자가 말한 것처럼 "인생은 잘 놀다 가는 것"입니다. 이의 현대적 의미는 소풍을 온 것처럼, 놀이를 하는 것처럼, 마음에 거리낌 없이 놀다가는 것입니다. 우리의 삶은 한정되어 있기에 하루, 한 달, 일 년을 잘살아내야 합니다. 인생에서 잘 산다는 건 잘 놀다 가는 것입니다. '잘논다'는 의미는 자유를 말합니다. 욕망과 돈, 그리고 명예로부터 자유를 말합니다. 즉, 온전히 나 자신으로 살아가는 것입니다.

법륜 스님 역시 설법을 통해 인생 조언을 하면서 "내가 세상에 올 때 나는 울었고 세상 사람들은 웃었다. 내가 세상을 떠날 때 모든 사람들이 아쉬워하는 가운데 훌훌 떠나야 한다. 인생은 소풍이다. 내가 잠시 소풍을 나온 것이니까 즐겁게 잘 놀다가면 그뿐이다. 그러면서 대중가요 가사처럼 멈추지 않는 세월, 하루하루가 소중하다. 우리는 세상에 열심히 일하러 온 것도 아니고, 큰돈을 벌고 성공하기 위해서 온 것도 아니다. 삶이라는 여행은 목적지가 따로 있는 것이 아니다. 어찌 보면 그 자체가 목적이다. 따라서 인생이란 여행을 소풍처럼 즐길 줄 알아야 한다"라고 말했습니다.

우리는 삶을 살며 인생이란 소중한 시간을 사랑하고 아끼고 이해하면서 살아야 합니다. 소박하고도 간결한 삶이 행복함을 가져옵니다. 행복과 건강은 선물이 아니고 자신의 준비와 노력으로 만들어서 얻어가는 것입니다. 하루하루 좋은 생각과 일을 실천하는 노력이 쌓이면 우리의 삶은 좋은 인생이 됩니다. 그리고 믿음과 노력의 마음이 모아지면 삶에 희망이 됩니다.

우리의 삶에 대하여 되돌아보게 하는 인생 금언을 이야기한 선지자들은 너무나 많습니다. 『논어』의 '지호락(知好樂)'이라는 의미는 '아는 것은 좋아하는 것만 못하고, 좋아하는 것은 즐기는 것만 못하다'는 말인데, 이는 아는 것이 중요하지만 더 나은 것은 좋아하는 것이고, 그보다 나은 것은 즐기는 것이라는 의미입니다.

막걸리를 친구로 삼으며 동심과 같은 마음으로 길지 않은 삶을 살았던 천상병 시인도 "세상은 즐기고 느끼고 놀기 위해서 소풍 온 것이지. 오로지 공부하러 태어난 것은 아니다"라고 이야기하였는데, 이는 평탄치 않았던 그의 삶을 이겨내는 그만의 삶의 해법이었는지 모릅니다.

언센가 무심히 읽었던 "인생을 너무 잘 살려고 애쓰지 마라. 인생의 파티는 계속되지 않는다"라는 문구가 다시 떠오르는 것은 왜일까요?

3. 내 인생에 박수를

행복의 비결은 무엇일까? 인생을 잘 산다는 의미는 무엇일까?

어느 방송인은 행복의 비결은 많은 것 혹은 좋은 것을 손에 넣는 것이 아니라 '포기해야 될 것을 확실히 아는 것'이라고 말했습니다. 참으로 공감이 가는 이야기라고 생각합니다. 우리는 같은 공간에 있어도 행복한 사람이 있고 불행한 사람이 있습니다. 우리는 같은 일을 해도 불행한 사람이 있고 즐거운 사람이 있습니다. 정말 행복한 사람은 자기가 가진 것, 자기가 하는 일에 만족해하고, 하고 싶은 일이 있고, 갈 곳이 있는 그러한 사람입니다.

우리 인간은 저마다 주어진 능력과 기회와 마음가짐에 따라서 사는 것이 아닐까요? 지금까지 우리는 그 운명의 굴레를 짊어지고 살아왔는지도 모릅니다. 그러나 살다 보면 특별히 부러워할 인생도 별로 없습니다. 더구나 열심히 나의 인생길을 걸어왔다면 말입니다. 이제라도 가지고 있는 많은 부분들을 내려놓고 느릿느릿 여유 있게 이야기하며 웃기도 하고 가다 쉬다 하면서 그렇게 삶을 살아봅시다. 편하고, 느리고, 그리고 조금 더 여유 있게, 그것이 우리 삶의 참모습인지도 모릅니다. 그러면서 그러한 나의 인생에 박수를 보내봅시다.

혜민 스님은 "인생은 짜장면과 같다"고 말했습니다. 남이 먹는 짜장면을 보면 맛있어 보이는데 막상 시켜서 내가 먹으면 맛이 별로라는 이야기입니다. 우리는 살면서 다른 사람의 삶을 부러워하지만, 정작 그의 인생도 별반 다르지 않고 더 잘 살고 더 행복한 것도 없습니다. 오히려 내가 그들보다도 더 잘 살고 있는지도 모릅니다. 한참 전, 드라마 『내조의 여왕』에서 김남주는 말하길 "어렸을 때 사는 게 진짜 만만했는데 살수록 왜 이런 거야. 인생이라는 게 있잖아, 아무리 찔러도 안 넘어오는 남자 같다"고 말했습니다. 정말 공감이 가는 대사였고, 그래서 여지껏 내 머릿속에까지 남아 있는지도 모르겠습니다.

세상 사람들은 말합니다. 이 세상 최고의 명품 옷은 바로 '자신감'을 입는 것이라고. 남들의 인생이 멋져 보이고 나는 보이지 않고, 우리 인생이 남들보다 더 훌륭하고 행복한데, 남의 인생만 부러워하고 있는 것은 아닌지? 나 자신을 한 번쯤 돌아볼 일입니다. 우리 인생은 정해진 멜로디가 없는 즉흥 재즈 음악과 같은 것인지도 모릅니다. 어차피 나의 인생인데 "삶의 목표"를 성공이 아닌 행복으로 정하여 봅시다. 그러면 그 행복의 주체는 누구인가요? 그가 바로 나 자신이 아닌가요?

여기에 우리의 삶에 답이 있는 것입니다. 왜 우리는 다른 사람의 삶을 훔쳐보고 부러워하고 있는가요? 자신의 삶을 비참하게 만드는 가장 손쉬운 법은 타인의 삶을 훔쳐 보면서 나의 삶과 비교하는 것입니다. 내 인생의 주인은 바로 나입니다. 그래서 내가 내 인생을 행복하게 할 책임과 의무가 있고 그리고 권리가 나에게 있는 것입니다. 어차피 내 인생인 것을 발레리나처럼 인생에서도 힘든 티를 내지 맙시다. 그러면서 마음에 좋은 음악, 명상, 독서 등 '좋은 음식'을 먹읍시다. 우리의 인생은 결코 쉬운 길이 아니기 때문입니다. 가다가 힘들면 쉬엄쉬엄 쉬어서 갑시다. 젊어서는 영어와 수학을 잘해야 인생이 핀다고 하지만, 나이가 들면 마음의 영양제가 내 몸에 들어갈 때 우리는 행복해질 수 있습니다. 우리의 삶이란 결국 나에게 가장 잘 어울리는 내가 좋아하는 옷 한 벌을 찾는 일입니다. 당신이 가장 존중하고 인정하고 사랑해야 하는 사람은 언제나 '당신 자신'입니다.

어린 시절부터 창조적 능력을 가지고 태어나 일찍이 천재적인 재능을 꽃피웠던 음악가로 알려진 모차르트는 네 살 때부터 연주를 시작했다고 합니다. 더욱 놀라운 것은 여섯 살이 되자 미뉴에트를 작곡하기 시작하였고, 아홉 살에는 교향곡을, 그리고 열한 살이 되자 오라토리오를, 열두 살에는 오페라를 쓰면서 18세기 후반 유럽 최고의 '신동 음악가'의 반열에 올랐다고 합니다. 그는 한 곡을 쓰면서 동시에 다른 곡을 생각해 낼 수 있었으며, 악보에 옮기기 전에 이미 곡 전체를 작곡했다고 전해지지만 그 역시 소문과는 달리 초고에는 고친 흔적이 적지 않았고, 도중에 포기한 작품도 있었으며 멜로디의 80% 정도가 당대의 다른 작곡가들의 작품에서 사용되었던 것으로 밝혀졌습니다. 요컨대 인류 역사상 '천재 중의 천재'로 알려진 모차르트조차 다른 사람보다 더 노력을 했다는 것이 사실이고, 천재라고 해서 보통 사람들이 가지지 못한 신비스러운 재능만으로 창조적인 작품을 만들어내지는 못했다는 것이 엄연한 사실입니다.

몽테뉴는 『수상록』에서 말했습니다. "나다운 삶을 사는 것으로 우리 인생을 채워야 한다. 인생의 절반을 남을 위해서 살아왔다면 남은 후반 인생은 우리 자신을 위해서 살아야 한다"라고. 나 자신을 위해서 모든 애정을 쏟아붓는 것이 현명한 삶입니다. 삶의 우선순위에서 내가 되는 것은 당연한 것입니다. 감정을 숨기기보다 감정을 느끼면서 기분에 흔들리며 살지 않습니다. 소중한 삶을 온전히 나를 위한 삶으로 이끌어라. 내 자신을 먼저 챙겨라. 거울에 비친 내 모습대로 살아가라. 이 소중한 삶을 즐겨야 하는 것이 바로 나 자신이다"

빛이 나는 사람들은 그들만의 특징이 있다고 합니다. 우선, 마음의 여유가 있습니다. 즉, 마음의 근심이 인생을 바꾸기 때문입니다. 그리고 긍정적이고 선한 마음을 가지고 있습니다. 그래야 세상에 선한 영향력을 주는 사람이 될 수 있기 때문입니다. 필요한 말만 진심을 담아서 표현하고, 단정하고도 자연스러운 외모는 자신을 빛나게 합니다. 남을 배려하고 존중할 줄 아는 마음 자세를 가지고 자신만의 스타일을 만들어가고 스스로 귀하게 여기는 것은, 빛나는 사람들이 가진 그 무엇보다 중요한 덕목입니다.

인도의 시인 타고르는 "사랑은 이해의 또 다른 이름이다"라고 말했는데, 이는 '나 자신을 사랑한다는 것은 나 자신을 이해하는 것이라는 의미가 아닐까?'라는 뜻이 아닐까요? 이 세상에 와서 빛나지는 않아도 빛나는 삶의 궤적을 따라온 나의 인생에 박수를 보내봅시다.

4. 인생이란 그런 거지요

2000년대 초부터 파킨슨병으로 투병해온 정신과 전문의 김해남 님은 "나를 돌보고 견뎌주는 존재는 오직 나 자신뿐"이라고 말하고 있습니다.

"누가 나를 끝까지 돌보고 견디어 주겠나? 내가 견뎌내야지. 남편도 아이들도 해 줄 수 없고, 오직 나만이 할 수 있는 일이다. 삶이란 다 자기 자신을 견디는 것이다. 나 자신이 끝까지 버티다가 그냥 흉하지 않게 세상을 떠날 수 있으면 되는 것이다." 우리 인생이란 때로는 '버티는 것'이 답입니다. 버틴다는 것은 기다림이라 할 수 있습니다. 미래를 위해 현재를 참아내는 것이고, 다음 단계로 나아가기 위해 오늘 부단히 노력하고 참아내는 것입니다.

2023년 6월에 두산아트센터에서 공연된 〈수잔 밀러 작〉, 『20세기 블루스』라는 연극에서 수의사 깨비는 "여기까지 걸어오는 내내 아무도 나를 쳐다보지 않더라"고 말했습니다. 이는 나이가 든다는 의미가 어떠한 것인지, 어떤 의미인지 말해주는 대사입니다. 그리고 우리에게 묻습니다. 지나온 세월이 내게 남겨준 것은 훈장일까, 상처일까? 나이가 들어가는 것을 두려워하는 것은 당연한 것일까 하고….

장자는 『소요유』에서 인생에 대해 이곳저곳 목적 없이 거닐며 한가로이 시간을 보내는 여유로움이라고 말했습니다. 여유로운 시간을 보내는 것이 '잘 놀다 가는 인생'이라고 말한 것입니다. 인간이 보편적으로 추구하는 상대적인 가치에서 벗어나 진정한 자유를 얻는 것을 잘 놀다 가는 것이라고 생각한 것입니다. 우리 인간의 '삶' 또한 상대적인 것입니다. 진정한 지혜는 주관성을 떠나서 자연을 관조하는 데서 나옵니다. 잘 논다는 것은 온전히 '나를 중심'으로 자유롭게 사는 것이 아닐까요?

나를 괴롭혀서 돈을 쌓아 놓고 그것을 쓰지 못하고, 명예나 재물에 얽매어서 사는 그런 삶은 그저 안타까운 삶입니다. 가치관에 집착하는 것은 또한 어떠한가요? 옳다, 좋다는 것도 어찌 보면 상대적인 가치일 뿐입니다. 좋은 생각과 개념조차도 마음의 욕심을 내려놓고 고요하면 삶을 내 생각대로 살아갈 수 있습니다. 자유롭다는 의미는 본질에 집중할 수 있다는 것입니다. 돈도 더 자유로운 자기를 위해서 버는 것입니다. 현재 나에게 자연스럽게 집중하여 사는 것이 중요하고, 내가 좋으면 그저 좋은 것이고, 행복하면 그것이 행복한 삶이 되는 것입니다.

언젠가 공중파를 통해서 들었던 기억이 있고, 내 삶을 제대로 돌아보게 한 이야기여서 기억을 토대로 재구성해 보았습니다.

현모양처로 세상을 누구보다도 열심히 살아온 한 여인이 있었습니다. 그래서 그 가족들도 잘되고 가정도 안정이 되어 부러울 것이 없게 되었는데, 세월이 흘러 쉰 살이라는 좋은 나이에 그만 불치병이 그녀를 찾아오고 말았습니다. 남편은 새파랗게 질려서 그녀를 바라보고 아이들도 울고불고, 한순간 가족의 행복이 깨졌지만 이것이 가족이구나 하는 실감이 났습니다. 그리고 지금까지 본인의 고생과 희생이 헛되지 않았구나 하는 행복한 마음도 생겼습니다. 하지만 가족은 여기까지, 몇 달이 지나면서 남편은 지치고 이제는 짜증스러운 얼굴까지도 보이고, 매일매일 보이던 아이들도 자기 삶에 바빠서인지 혼자 있는 시간이 점점 길어집니다. 가족만을 위해서 여태껏 열심히 살았던 자신에 대하여 처음으로 어리석었다는 생각이 들기 시작한 것은 이때부터... 가족들은 각자의 삶에 열중이지만 그녀는 혼자였습니다. 가족들이 잘못된 것도 아니고, 나쁘다는 게 아니고 다만 그녀의 삶이 싫어지고 허무해진 것입니다. 마음속에 배신감이 드는 것을 이제야 느낍니다. 우리가 태어나 누구를 위해 사는 것만큼 어리석은 것이 없다는 것을. 더구나 한 번뿐인 우리의 인생이기에…. 그녀는 말합니다. "세상 사람들이여! 이제 다른 누구를 위해 살지 말라구요. 나를 위해서, 나의 행복을 위해 나의 인생을 살라고… 나를 사랑하며 삽시다. 내가 나를 사랑하지 않으면 이 세상 누구도 나를 사랑해 주지 않는다고… 자기부터 사랑합시다"라고.

나이가 들어가면서 세월에 맞추어 '나이 듦', 즉 늙음을 피할 수 없습니다. 그러나 같은 세월을 살아온 나이임에도 같은 또래보다 젊어 보이는 사람이 있는가 하면 더 들어 보이는 사람이 있습니다. 왜 이러한 차이가 있는 것일까요? '장수라는 인생의 끈'을 누가 길게 가지고 가는가? 라는 질문에 100세 철학자 김형석 교수는 이렇게 말하고 있습니다. "우선, 정신력이 강하고 계속 배우는 사람, 나이가 들어서도 일과 취미를 적절히 즐기는 사람. 그리고 풍부한 인간관계를 유지하며 사람들과 더불어 지내고 자기만의 주체적인 삶을 잘 살아가는 사람들이며, 이들의 공통점을 살펴보면 '저런 사람들은 바빠서 늙을 시간도 없다'는 소리를 듣는 것조차 괜찮은 것 같다"

롱펠로우도 "자기 성장을 꾸준히 하면 노화를 늦출 수 있다"고 말하고, 약간의 긴장감은 삶의 활력소이자 삶의 에너지라고 말합니다. "인생의 맛"이라는 이야기가 있습니다. 나는 아직 세상을 많이 살지는 못하였지만, 내가 느낀 바로는 젊었을 때에는 음식도 맛이 있었고, 지인들과 기울이던 술은 더욱 맛이 있었습니다. 그러나 지금은 그때와 다른 맛입니다. '인생이 그런 것인가?'라고 내게 자문을 해 봅니다. 그러면서 내게 다짐을 합니다. '인생의 맛까지 잃어버리지는 말자'고….

'외줄 위의 인생'… 이는 줄광대를 이르는 말입니다. 언젠가 『인간극장』이라는 TV 프로에서 줄광대 이야기가 방영된 적이 있습니다. 줄광대는 말 그대로 외줄을 타는 인생입니다. 관객과 세상이 지켜보는 가운데 줄 위에서 뛰고 솟고, 웃고 울고, 날치고 판치고, 줄광대는 이 세상의 인생 스토리를 줄 위에서 고스란히 펼치면서 우리의 삶을 연기하는 것입니다. 줄광대는 말합니다. "원숭이도 나무에서 떨어질 때가 있는 것처럼 아무리 줄을 잘 타는 사람도 줄 위에 올라가면 더 많이 겸손해지고 과욕을 부리지 않는다" 이 이야기가 우리 인생의 도를 알려주는 삶의 참의미가 아닌가 생각합니다. 우리가 살아가는 인생은 평탄한 순탄한 길만도 아니고, 등산길에서 만나는 깔딱고개와 같은 어려운 고비와 아슬아슬한 순간에서 겪는 좌절감 등 어찌 보면 고행길의 연속입니다. 이 길을 지혜롭게 헤쳐나가는 가장 좋은 방법은 겸허하게 세상 앞에 서서 내 인생을 내가 주인이 되어서 운전해 가는 것이라고 생각합니다. 인생이란 바로 이런 것입니다.

5. 여행은 인생 행복 회복제

현명한 사람은 여행을 하고, 어리석은 사람은 방황을 한다는 이야기
가 있다.
우리는 흔히 '인생을 여행'이라고 한다.

가수 추가열은 "소풍 같은 인생"이라는 노래에서 다음과 같이 노래했
다.

"너도 한 번, 나도 한 번, 누구나 한 번 왔다 가는 인생
바람 같은 시간이야 멈추지 않는 세월 하루하루 소중하지
미련이야 많겠지만 후회도 많겠지만
어차피 한 번 왔다 가는 길 붙잡을 수 없다면
소풍 가듯, 소풍 가듯 웃으며 행복하게 살아야지"라고.

우리가 피곤해지거나 지치게 되면 습관처럼 피로 회복제를 마시듯이,
우리의 삶이 힘들거나 충전이 필요할 때 여행은 '인생 행복 회복제'이
다. 외로움을 이기는 방법에도 여러 가지가 있다. 우리는 우선 외로움
을 당연한 가치로 여겨야 한다. 아울러 심취할 수 있는 일을 만들고,

세상과 만나는 그리고 사람과 만나는 여행을 떠나자. 나이가 든다는 것은 어찌 보면 천천히 혼자가 되어 간다는 의미라는데, 혼자라도 어디론가 훌쩍 떠나보는 것, 이것이 우리 인생이 아닐까?

누군가 말하길 "인생은 나그네가 걷는 마음의 여행길"이라고. 우리 인생은 어찌 보면 전쟁보다는 여행에 가깝다. 여행은 인생 행복 회복제이다. 그리고 어떤 이는 "여행은 인생이라는 신발의 끈을 다시 조여매는 것"이라고 말했다. 세상을 열심히 사는 사람들이 잘하지 못하는 것이 하나 있다면 그것은 바로 '쉼'이다. 몸이 아프면 병원에 가고 마음의 위로와 격려가 필요할 때에는 여행을 떠나라고 한다.

어느 가수가 "사람은 전화기 충전은 잘하면서 내 삶은 충전하지 못하네"라고 노래했는데, 우리의 모습을 이르는 가사가 아닐까 한다.

"토성 리턴(Saturn Return)"이라는 말이 있다. 토성의 공전 주기가 29.45년에서 유래한 이야기이다. 인생에서 28.5~30세가 이 시기에 해당한다. 즉, 토성 리턴은 독립된 운명체로서 부모의 품을 벗어나 진정한 어른으로 다시 태어나야 하는 시기를 의미한다. 보통 토성 리턴은 28~30세와 58~60세 이렇게 두 번 찾아온다. 잘만 활용하면 인생에 있어서 퀀텀 점프(Quantum Jump)가 가능한 시기이기도 하다. 진정한 나만을 위한 '인생 여행'을 시작하는 그러한 시기이기에 말이다.

어른으로 사는 사람의 도리를 깨우친 자의 어록이라고 하는 『논어』에서 공자는 "나는 태어나면서부터 곧 만사를 안 것이 아니고, 옛것을 좋아하며 성실하게 노력하여 그것을 구한 자이다"라고 말하고 있다.

우리 선조들에게 있어서도 현대적 의미의 피크닉은 있었던 모양이다. 그리고 그 피크닉이 마음이 통하는 사람들과의 소풍이었더라면 더 즐거웠을 듯하다.

조선 선조 때의 송강 정철과 서애 유성룡 선생이 교외로 놀러 갔다가 백사 이항복, 월사 이정구 선생 등과 소풍을 즐겼다고 한다. 술판이 어느 정도 무르익게 되자 '세상에서 가장 아름다운 소리'를 주제로 문장 짓기 놀이를 하였다고 한다.

먼저, 송강 정철은 "보름달이 휘영청 밝은 밤에 달 뒤로 지나가는 구름 소리가 제일이지"라고 말했고, 서애 유성룡 선생은 "새벽 이른 시간에 잘 익은 술을 마누라가 거르는 소리가 제일이지"라고 말했다. 그러자, 세 번째 월사 이정구 선생은 "조용한 산간 초당에서 학동이 시를 읽는 소리가 제일이지"라고 말을 했고, 마지막으로 백사 이항복 선생은 "동방화촉(洞房花燭) 좋은 밤에 아름다운 여인의 옷고름 푸는 소리가 제일이지"라고 말하자 모두가 박장대소로 동의하면서 가장 아름다운 소리로 인정을 하였고, 술과 함께 소풍의 분위기는 더욱 좋아졌다는 이야기가 전해진다.

우리 삶에 있어 여행은 그냥 떠나는 것이고, 인생의 사건과 스토리가 창조되는 일련의 여정이다. 우리가 음식을 조리할 때 감미료가 들어가야 음식이 더 감칠맛이 나듯, 인생이란 삶의 여정에서 여행은 어찌 보면 감미료와 같은 것인지도 모른다. 철학자 안병욱 교수도 정신적 건강을 주는 공부와 여행, 그리고 연애가 장수의 비결이라고 말했고, 괴테가 말하길 인생의 "삼락(三樂)"이란 와인, 글쓰기, 그리고 여행이라고 이야기할 정도로 여행은 지식인들에게 있어서도 삶의 가치를 높이는 중요한 요소 중의 하나였다. 그리고 나이가 들수록 추억 속에 사는 삶이 아닌 희망 속에 사는 삶을 살아야 한다. 그래서 여행이란 가슴 떨릴 때 가야지, 다리 떨릴 때 가는 것이 아니다.

수년 전 『꾸베 씨의 행복 여행』이라는 책을 읽은 적이 있다. 왜 이 책이 세계 여러 나라 사람들에게 많이 읽히는 책이 되었을까? 여행이란 단어에 '행복'이라는 수식어가 붙어서 그렇다고 한다.

파리는 유난히 정신과 병원이 많기로 유명하다. 정신과 병원에서 의사로 근무하면서 많은 환자를 진료해 온 꾸베 씨는 그 많은 환자들 중 행복하지 못한 사람들로 넘쳐났고, 치료의 역할을 해오던 그 자신조차도 행복하지 못하다는 결론을 내리고 진정한 행복이 무엇인지 찾아보겠다는 일념으로 행복 찾기 여행을 떠난다. 그는 중국과 아프리카 등을 여행하면서 행복에 대한 많은 영감과 교훈을 얻었고 이를 책으로 정리하였다.

그가 주목했던 것은 화통한 웃음의 주인공이었던 중국의 노승에게서 얻은 교훈이었다. 그 비밀은 우리 모두가 잘 알고 있듯이, '행복은 미래의 목표가 아니라 현재의 선택'이라는 것이다. 우리는 누구나 지금 이 순간을 행복하기로 마음을 먹고 선택을 한다면 얼마든지 행복할 수 있는데, 그것을 모르고 멀리에 있는 행복의 파랑새를 쫓고 있는 것이다. 행복은 바로 지금 여기에 있고, 행복이라는 가치는 이연(移延 : 시일을 차례로 미루어 나감)도 저축도 되지 않는다는 사실을 잘 알고 있으면서도….

삶이란 내가 가야 하는 오랜 여정이자 여행이다. 최대한 가볍게 살아가야 지치지 않는다. 우리가 여행을 위해 챙겼던 많은 물건들 중에 쓰지 못한 것들이 항상 많이 남아 있는 것처럼, 여행과 같은 삶도 가벼이 하여야 지치지 않고 행복할 수 있다. 이번 주말, 행복 회복제 한 잔 하러 어디든 발길을 옮겨 보자.

6. 오늘도 내 행복 그릇을 닦아라

삶이 아름답고 행복해지려면 '지혜로운 삶'이 전제가 되어야 한다. 사람은 보이는 만큼 이해하고 아는 만큼 사유한다고 한다. 세상을 보는 눈을 더 키우고 생각의 깊이를 더 깊게 하고 넓은 가슴을 갖는다면 세상을 지혜롭게 살 수 있지 않을까 한다. 거기에 더해 나를 사랑하고 내 삶의 중심에 내가 단단히 자리하고 주인이 되는 삶을 실천한다면 우리의 삶은 '행복'이라고 하는 궁극의 가치에 더 가까이 갈 수 있을 것이다.

정신과 채정호 교수가 말하기를 잘 산다는 것은 부자라는 의미가 아니라 "잘 있다", "잘 존재한다"라는 뜻이다. 잘 존재한다는 의미는 지금 여기에 잘 있다는 의미로, 우리가 흔히 말하는 웰빙도 최고나 최선이라기보다 조금씩 나아지고 향상되는 'better and better', 즉 '더 더 더'가 더 중요하다. 어제의 나보다는 오늘이, 오늘의 나보다는 내일이 더 나아지는 삶을 살아가는 것이야말로 가장 평범하면서도 가장 행복한 삶인지도 모른다. 우리는 개인이 가지는 물질적 욕심 때문에 충분히 행복해야 하는 삶도 그렇게 느끼지 못하고, 남과 비교하는 삶과 생각 때문에 우리 자신을 더 힘들게 하고 있는지도 모른다. 삶을 가볍게 가지고 간다면 충분히 행복할 수 있는데도, 물질적 욕심을 내려놓지 못해서 우리 곁에 있는 행복조차도 누리지 못하고 우리 자신을 힘들게 하고 있는 것이다.

우리가 행복해지기 위해서 잘 쉬는 것도 중요하다. 김은영 교수는 그의 책에서 휴식을 "육체적, 정신적으로 하던 일을 잠시 멈추고 숨을 고르며, 생존을 위해서 몸과 마음을 회복하는 상태"라고 정의하면서, 잘 쉬고 내게 활력을 주는 나만의 휴식법을 찾는 것이 중요하다고 말했다. 그에 따르면 멈춘 시간을 어떻게 채워가느냐가 중요하다고 말하면서, 이 시간은 긍정적이고 나를 회복시키는 시간이어야 하기에 "현대인이 손에서 놓지 않는 핸드폰을 통해 유튜브와 친해지는 것은 휴식이 아니다"라고 말한다.

세상 사람들은 이렇게 말한다. 자기의 '행복의 그릇'을 닦으라고…. 60이 넘었다고? 이제 다시 시작해야 되는 나이이다. 우선 사회적 활동을 지속하고 배우자를 가장 친한 친구로 만들어라. 옛날 친구를 소중히 하고 나이가 어리거나 마음이 젊은 친구를 만들어라. 특히 취미가 같은 친구를 만나는 것이 중요하고, 유머 감각이 뛰어난 친구를 가까이해라. 언제든지 전화해서 만날 수 있는 anycall man과 anycall woman을 만들어야 하고, 특히 낙천적인 친구를 가까이하면 좋다. 아울러 건강 관리가 철저한 친구를 만들어라. 그래야 나도 그를 본받아 따라갈 수 있는 것이다. 세상 모든 것들이 끝이 좋아야 좋은 것이다.

장애인 시인이자, 패럴림픽 보치아 선수로 활동중인 김준엽 시인은 "내 인생에 가을이 오면"에서 이렇게 말하고 있다.

"내 인생에 가을이 오면 나는 나에게 물어볼 이야기들이 있습니다. 내 인생에 가을이 오면 나는 나에게 사람들을 사랑했느냐고 물을 것입니다. 그때 가벼운 마음으로 말할 수 있도록 나는 지금 많은 사람을 사랑하겠습니다. 내 인생에 가을이 오면 나는 나에게 열심히 살았느냐고 물을 것입니다. 그때 자신 있게 말할 수 있도록 나는 지금 맞이하고 있는 하루하루를 온 힘을 다하며 살겠습니다. 내 인생에 가을이 오면 나는 나에게 사람들에게 상처를 준 일이 없었느냐고 물을 것입니다. 그때 자신 있게 말할 수 있도록 사람들을 상처 주는 말과 행동을 하지 말아야 하겠습니다. 내 인생에 가을이 오면 나는 나에게 삶이 아름다웠느냐고 물을 것입니다. 그때 기쁘게 대답할 수 있도록 내 삶의 날들을 기쁨으로 아름답게 가꾸어 가야겠습니다. 내 인생에 가을이 오면 나는 나에게 어떤 열매를 얼마만큼 맺었느냐고 물을 것입니다. 내 마음 밭에 좋은 생각의 씨를 뿌려 좋은 말과 좋은 행복의 열매를 부지런히 키워야 하겠습니다"

언젠가 "사람이 죽을 때 후회하는 10가지"에 대하여 읽은 적이 있다. 주요 내용들은 이렇다. 수많은 걱정거리를 안고 살아오다 보니 어떤 하나에 몰두해 보지 못한 것, 인생을 좀 더 도전적으로 살지 못한 것, 그리고 내 감정을 주위 사람들에게 제대로 표현하지 못한 것과 나의 삶이 아닌 주위 사람들이 원하는 삶을 살아온 것. 나의 인생 얘기인 것 같은 구절도 있다. 누군가에게 사랑한다고 말하지 못하고 마음에 있는 친구에게 더 자주 연락하지 못한 것과 자신감 있게 살지도 못한 것 등 모두가 공감이 가는 이야기지만, 결국 행복은 나의 선택이란 걸 이제 와서 알았다는 구절이 제일 마음에 와 닿았다. 그 사실을 이제서라도 느끼면서 사는 것이 다행이다.

"경쟁자의 자극이 없으면 게을러지고, 누군가 잘하면 나도 잘하려고 열심히 훈련하게 된다"고 말했다는 골프 선수 잭 니클라우스의 말도 공감이 가지만, 그러한 치열한 삶보다 이제는 내 마음속에 있는 행복이라는 가치를 꺼내서 아름답게 닦아내고 싶다.

긍정하고, 만족하고, 감사할 줄 알면 편안하고 좋은 인상을 만들어 갈 수 있다는데, 그런 나를 만들고 싶고, 누구를 만나든 "당신 왜 이리 좋아 보여? 그 비결이 뭐야?"라는 말도 듣고 싶다. 아무리 세월에 비켜 있으려 해도 시간은 이를 허락하지 않는다. 세월이 가면 남자는 마음으로 늙고 여자는 얼굴로 늙는다고 한다. 그럼에도 불구하고 우리는 추억 속에 사는 삶이 아닌 "희망 속에 사는 삶"을 살아야 한다. 그것이 나의 몫이고 '내 인생의 행복 그릇을 닦아 가는 비결'이 된다.

7. 인생은 어울림이다

인생은 어울림이다. 외로운 사람이 수명도 짧다고 한다.

한자 '사람 인(人)'은 사람의 존재를 사회적 동물이라는 의미로 해석하고 있다. 우리의 행복은 사람과의 관계에서 오는 것이다. 하버드대에서 대공황 시절부터 약 80년째 이어지고 있는 '성인 발달 연구'는 많은 시사점과 함께 현대인에게 중요한 메시지를 던져주고 있다. 사람은 자신의 성공보다 인간관계에 더 투자해야 하고, 외로운 사람일수록 그 수명도 짧더라는 사실이 이를 뒷받침하고 있다.

하버드대 '성인 발달 연구'는 인간의 삶에 대한 최장기 연구 프로젝트이다. 이 연구팀은 행복한 인생의 비결을 찾기 위하여 연구를 오랫동안 실행해 오고 있다. 대공황이 한창이던 1938년 하버드대 재학생 268명을 대상으로 시작한 이 연구는, 보스턴 지역의 저소득층 자녀 456명을 비교 집단으로 하여 80년을 넘겨 진행되고 있는 장기 프로젝트이다. 연구팀은 대상자들에 대하여 개별 면접과 건강검진 등을 통하여 정신과 신체의 건강 상태를 측정하여 관찰하고 있으며, 부모와 자녀 등 가족 간의 관계가 삶과 행복에 어떠한 영향을 미치고 있는지 연구하고 있다. 얼마 전 미국에서 화제를 일으켰던 책 《The Good

Life》는 연구 내용을 분석하여 행복의 비밀에 대한 질문에 답을 제시하고 있다. "무엇이 인간의 삶을 만족스럽고 의미 있게 만드는가?"라는 질문에 '관계와 관계의 질'이 가장 중요한 요소라고 말하고 있다. 관계가 건강하고 관계의 질이 높을수록 우리의 삶은 더 행복해지고 건강하게 살 수 있다는 이야기이다.

이 연구에 따르면 부모와 자식, 원만한 부부관계 등 가족 구성원 간의 애틋한 관계, 직장 동료와 친구와의 돈독한 관계, 사교 모임 회원과 친밀한 관계가 행복하고 건강한 삶에 가장 중요한 요소가 된다. 그리고 외로울수록 수명이 짧아질 수 있다는 이론을 뒷받침하듯이, 자신이 외롭다고 느끼고 외로움을 많이 타는 사람일수록 다른 사람들과 친밀한 관계를 유지하면서 사는 사람들보다 건강수명이 더 짧아진다고 진단하고 있다.

일본에서 오래전부터 고독사와 고독생이 문제가 되고 있는 것처럼, 최근에는 중국에서도 고령화가 빠르게 진행되면서 노년 세대의 외로움으로 인한 사회문제가 커진다고 걱정하고 있다. 가난해도 행복한 사람이 있는 반면에 돈이 많이 있어도 불행한 사람이 있다. 미국에서 가계소득이 미국 평균 가족 소득인 7만 5천 달러를 넘으면 돈은 행복과 큰 연관이 없다는 결과를 이 연구는 말해주고 있다. 결론적으로 노년에 들어서 행복에 가장 큰 영향을 미치는 요인은 돈과 건강 그리고 명예, 학벌 등 다른 요소들이 아니라 '인간관계'라고 판단되었다. 결국 삶을 살아가면서 가족, 친구는 물론 주위 사람들과 친밀하고 긍정적인 관계를 가진 사람들이 가장 행복한 사람들이라는 결론이다.

현대인에게 있어서 신체·정신적 건강보다 사회적 건강(Social fitness)
이 더 중요한 화두로 떠오르는 것이 당연한 일인지도 모를 일이다. 즉
사회적 성공과 경제적 성공보다 사회적 관계에 더 많은 관심과 노력
을 기울일 때 우리는 더 행복하고 만족스러운 삶을 살 수 있는 것이다.
가장 친밀하게 사회 활동을 하는 시기인 40대와 50대의 인간관계를
성공적으로 유지해온 사람들이 더 나이가 들어서도 더 건강하고 행
복하며 삶의 만족도가 높다는 통계가 이를 뒷받침하고 있다. 인생이
라는 고단한 삶의 과정에서 풍요롭고 따뜻한 인간관계는 사회적 성공
등 그 어떤 다른 가치보다 더 중요하고 행복한 삶의 키워드인 것이다.
그리고 외로움은 인간의 생명과도 직결이 된다고 한다. 외로움을 느
끼는 암 환자는 그렇지 않은 암 환자보다 사망 위험이 훨씬 높다는 통
계를 미국 암학회에서 발표했다.

우리는 나이가 들고 수십 년간 몸담았던 회사를 떠나게 되면 종종 남
과 어울려 함께 즐기고 사는 노력을 왜 게을리했을까 하는 후회를 가
지게 된다. 회사에 몸담고 있는 동안 인연을 가졌던 사람들과의 만남
과 어울림은 그 회사를 나오면서 시들해지기 십상이다. 따라서 제2의
인생을 위해서 내가 속했던 회사의 사람들이 아닌 세상의 사람들과
함께 어울려서 사는 노력을 지속하여야 한다. 그것이 어느 사모임이
든 취미든, 성공 지향과 자기중심의 삶을 살아온 사람일수록 제2의
인생을 위해서는 필히 남과 함께하고 어울리는 노력을 하고 남들로부
터 배워야 한다.

은퇴 연령이 늦어지고 건강수명도 따라서 길어지는 시대를 살면서 조
직이나 직업에서의 성취와 성공은 단지 삶의 필요조건 정도에 불과하

다. 우리는 오래 살고 오래 일하는 시대에 내가 가진 기득권을 언제든지 내려놓아야 하는 준비를 하여야 한다. 제2, 제3의 인생을 잘 살기 위해서는 재테크, 건테크도 중요하지만 남과 함께 어울리면서 삶의 즐거움을 찾아갈 수 있는 능력을 갖추는 것이 그 무엇보다 중요하다.

언젠가 미래에셋 박현주 회장이 노후 준비를 위한 3가지 요소를 말하면서 건강한 몸, 연금과 함께 사회적 관계를 꼽았던 이유도 크게 공감이 가는 이유이기도 하다.

2024년 한 시중은행에서 발표한 '웰스 리포트'에 의하면 우리나라에서도 소유 재산이 30억 원이 넘으면 자산이 증가한다고 하여 행복도가 비례하여 올라가지 않는다는 이야기와 일맥상통하는 사실을 보여주고 있다. 물질적 성공은 시간이 지나면 퇴색하지만 추억을 함께하였던 사람들만 곁에 남는다. 그래서 인간관계가 중요한 것이고 어울려서 더불어 함께 살아가는 것이 중요하다.

가수 이선희는 가수의 마음 자세에 대하여 이렇게 이야기했다.
"처음 가수가 되었을 때는 힘과 열정만으로 노래를 하였으나, 세월이 지나고 어느 때부터는 누군가의 끌림에 의해 관객과 호흡하면서 마음으로 노래를 부르다 보니 더 좋은 노래로 더 많은 감동과 호응을 얻어낼 수 있었다."
노래를 하는 가수가 몸과 마음을 모아서 정성을 다해 노래를 하다 보면 그 마음이 고스란히 청중에게도 전달이 되어 함께 감동하고 호흡하게 되어 노래는 더 잘되고 청중은 더 많은 감동을 얻게 된다는 이야기이다.

세상은 다른 사람과 함께 살아가는 것이다. 철길의 레일을 혼자서 중심을 잡으면서 가기는 쉽지 않지만, 반대편 철길 위에 있는 누군가와 서로 손을 잡고 간다면, 그리고 그 사람이 마음 통하는 좋은 사람이라면 우리는 더 쉽게 편안한 마음으로 철길을 걸어갈 수 있을 것이다. 우리 인생 또한 이와 마찬가지이다. 삶은 결국 어울림이고 내 주위에 즐겁고 행복한 정서를 가진 사람들이 많다면 나도 더 행복해질 수 있다.

8. 인생은 커피 한 잔과 같다

인생은 한 잔의 차와 같다. 차는 빨리 마시면 차의 참맛을 느끼지 못하고 잔이 빨리 바닥을 드러내고 혀를 델 수도 있기 때문이다. 인생은 한 번의 여행이다. 되돌아오는 길이 없기 때문이다. 인생은 '지금'이라고 한다. 인생에서 나중은 없고 지금 이 순간 하고 싶은 일을 하면서 즐겁게 살아야 삶의 의미가 커진다는 뜻이다. 커피를 마신다는 건 삶의 한 순간을 깊이 음미하는 것이다. 즉 인생은 커피 타임이다. 정해진 님의 '커피타임처럼'이라는 시이다.

처음에는 뜨거워서 못 마시겠더니 마실 만하니 금방 식더라.
인생도 그렇더라.
그러니 열정이 있을 때가 좋을 때이다. 식고 나면 너무 늦다고 한다.
커피는 따뜻할 때 마시는 것이 잘 마시는 것이고,
인생은 지금 따뜻한 이 순간에 즐겁게 사는 것이 잘 사는 것이다.

인생의 따뜻한 순간을 놓치면, 식어버린 커피처럼
인생의 참맛을 잃게 될지도 모른다.
사랑을 알 때쯤 사랑은 변하고, 부모를 알 때쯤 부모는 아프고,
자신을 알 때쯤 많은 걸 잃는다.

흐르는 강물도, 흐르는 시간도 잡을 수는 없다.

모든 게 너무 빨리 변하고 지나간다.

우린 항상 무언가를 보내고 또 얻어야 한다.

봄이 가고 여름이 와도 봄의 향기는 우리에게 아직도 남아 있다. 매년 다시 또다시 오고 가는 계절이지만 한 번 왔다 간 계절은 다시 오지 않는다. 우리의 젊음과 사랑도 마찬가지이다. 나를 사랑하고 누군가를 사랑하고……. 순간을 영원히 기억하고 아름다운 기억 속에 세월이 덮이면 멋진 추억으로 남는다.

하루하루, 매월 매월, 매년 매년 살다 보니 어느덧 나이 60이 되었다. 이 나이를 세상 사람들은 자기가 하고 싶은 것을 하면서 살 수 있는 나이라고 말한다. 그러나 현실은 그렇지 않다. 우리는 생계를 위해서 하는 일을 'Rice work'라고 말하고, 퇴직 후 자기가 하고 싶은 일을 하는 것을 'Life work'라고 말한다. 내가 어떤 일을 하고 있는지도 모른 채 일이라는 멍에에 내 몸을 맡기고 있지는 않은가?

말을 타고 달리던 인디언들은 한참을 달린 뒤에는 반드시 잠시 쉬는 시간을 가진다고 한다. 그것은 그들의 영혼이 잘 따라오고 있는지 확인을 해야 한다는 믿음 때문이다. 대학에서도 교수들에게는 안식년 제도를 도입하여 휴식을 하면서 연구를 지속할 수 있는 충전의 시간을 제공해 준다.

우리가 잘 아는 누에도 성장하기 위해서는 어느 시점이 되면 먹이를 먹지 않고 잠을 자고 그런 다음에야 다시 깨어나 먹이를 먹고 성장을 한다. 파충류 중에 뱀 등도 성장을 하면서 허물을 벗고 쉬는 시간을 가진 후에 다시 성장한다.

해거리 또한 어떠한가? 감나무, 대추나무, 밤나무 등 유실수도 해거리를 한다고 한다. 과실이 한 해에 많이 열리면 그다음 해에는 결실을 맺는 과실의 숫자가 현저하게 줄어든다.

어린 시절 감을 딸 때는 나뭇가지를 꺾어서 따야 한다던 아버지의 말이 기억난다. 자연조차도 천천히 쉬어가는 지혜를 스스로 실천하면서 우리 인간에게 삶의 지혜를 알려주고 있다. 농부들은 이러한 해거리의 피해를 최소화하기 위하여 '과일 솎아주기'와 '가지치기'를 한다. 해거리와 가지치기는 '일과 쉼'처럼 우리 인간에게 필요한 삶의 지혜이다.

더 빨리 달리기 위해 숨 고르기를 하고 더 가득 채우기 위해 비울 줄 아는 자연과 인간의 슬기로운 지혜가 더 빛나는 것이다. 힘과 쉼 또한 정반대의 성질처럼 보이지만 실은 일맥상통한다. 꽉 차서 넘치기 전에 힘의 일부를 내려놓고 천천히 쉬어가는 것이 쉼과 여유의 지혜이다. 더 많이 오래 가기 위해서는 쉼과 여유의 철학이 반드시 필요하다. 동양의 차 문화와 서양 선진국의 커피 타임 또한 이러한 인간의 지혜가 담긴 생활양식이다.

은퇴 후 행복한 삶은 디테일이 좌우한다. 하고 싶은 것은 무엇이든 하고, 후회를 남기지 말며, 숙제를 남기지 마라. 자기만의 확실한 취미를 가지는 것이 중요하고 특히 내가 좋아하는 것을 해야 한다. 10년 후

하고 싶은 일은 지금 당장 시작하고 정성을 다하라.

성공적인 삶을 위해서는 끝장을 보는 습관을 가지고 끝까지 참아내라. 진정 행복한 사람들은 과거 이야기를 하지 않고 지금 이 순간에 충실한 사람이라고 한다. 우리 인생도 식어버리는 커피나 뜨거운 날씨에 녹아내리는 아이스크림처럼 멈추지 않는 세월과 같이 쉬지 않고 흘러가기 때문이다. 단풍이 들기에 가을인가 했더니 세월이고, 낙엽이 떨어져 바람인가 했더니 세월이라고 하지 않았던가?

우리가 인생을 살면서 누구에게 잘해 줄 수 있는 시간을 열차의 문에 비유하면 그 문은 잠깐 열렸다가 시간이 되면 나도 모르게 닫힌다. 우리가 인생을 통해 만나는 좋은 사람들도 마찬가지 아닌가? 나의 부모도 나의 좋은 친구들도 우리 삶을 통해 빚을 진 많은 사람들도 마찬가지이다. 어느 순간 열려 있던 문은 닫혀 있고, 아무리 맛있는 커피라도 식고 나면 너무 늦는다는 것과 다름 아니다.

9. 인생의 성공도 마일리지

물은 뜨거운 온도에서 일정 시간 가열해야 끓기 시작하고, 술도 일반적으로 숙성이라는 시간의 과정을 투자하여야 좋은 맛의 술로 태어날수 있다. 우리가 에너지가 넘치는 가수의 노래보다 오랜 세월을 노래와 함께한 가수의 노래에 더 공감하고 빠져드는 것도 이와 마찬가지가 아닌가 생각한다.

드라마 《이상한 변호사 우영우》에서 멋진 연기로 큰 상을 받았던 박은빈은 수상 소감에서 이렇게 말했다.
"세상이 달라지는 데 한몫을 하겠다는 큰 욕심은 없었지만, 적어도 이전보다 친절한 마음을 품게 할 수 있기를, 또 각자 가지고 있는 고유한특성을 '다름'이라는 이분법이 아닌 '다양함'으로 사회가 인식해 주기를 바라면서 연기했다."

우영우를 비롯한 연기자의 인기는 우연이나 행운의 결과만으로 치부할 수 없다고 생각한다. 연기자가 어린 시절 아역 배우 때부터 긴 세월에 걸쳐서 쌓아온 시행착오와 경험과 노력 등이 세월이라는 숙성 기간과 어우러져 쌓인 내공의 결과물이라고 생각한다. 물이 뜨거워지면서 임계점이 되면 끓어넘치듯, 우리 인생을 통하여 꿈과 이상을 가지고 노력이라는 재료를 가미하여 다듬기를 계속한다면 장인의 손끝에서 멋진 명품이 탄생하는 것처럼, 우리 삶에 있어 성공도 시간과 세월이라는 마일리지가 쌓여서 얻어지는 하나의 소중한 열매가 되는 것이다. 즉 우리 인생은 꿈, 노력 그리고 기다림의 소중한 결과물이라 할 수 있고, 주름과 상처 그리고 거칠어진 손과 백발 등은 우리가 치열하게 살아온 삶의 흔적이자 훈장과 같은 것이다.

꿈을 가지지 않은 사람, 그리고 성공이라는 달콤한 결과를 위하여 시간과 노력을 투자하지 않는 사람은 운동을 열심히 하지도 않으면서 좋은 경기를 기대하는 운동선수의 가짜 욕심과 같은 것이다. 요즈음 베이비부머 세대의 은퇴가 많아지면서 내 주위에서도 정규직 월급쟁이를 졸업하고 제2의 인생을 시작하는 사람들이 많이 있다. 이제 어찌 보면 세상의 중심에서 물러나서 잊혀 가는 사람들이지만, 가정과 세상의 중심에서 열심히 그리고 묵묵히 그들의 역할을 다하면서 인생을 꽃피웠던 사람이고 한때는 빛나는 인생들이었다.

이들은 삶의 열정을 여전히 가슴에 품고 있으면서 아름다운 모습보다는 오래, 지속될 수 있는 인간으로서의 또 다른 행로를 준비하면서 새로운 삶을 꿈꾸는 사람들이다. 퇴직은 새로운 의미의 시작이라는 의미에서 'RE-TIRE'라는 말을 쓰지만, 나는 'RE-PLAY'라는 단어가 더 어울리는 사람들이라고 생각한다. 사회가 정해놓은 제도에 따라서 퇴직을 하지만 "퇴직은 세상의 꽃자리에서 자기만의 꽃자리로 돌아가는 자연스러운 과정"이다. 즉, 자기 삶의 주인공으로 이행하는 과정인 것이다. 이제는 퇴직이라는 이름을 빌려 나의 행복이라는 중요한 요소를 추가하여 인생이라는 삶을 레코딩해 가는 발길을 새롭게 내딛는 과정이다.

인생은 어렵지 않다고 한다. 그러나 이 글귀에 쉽게 동의할 수 있는 사람은 얼마나 될까? 또 누구는 말한다. 우리의 삶은 단순하다고, 그리고 정작 우리의 인생을 복잡하고 어렵게 만드는 것은 세상이 아닌 나 자신이라고도 말한다. 나도 이러한 말에 동의할 수 없었다. 그러나 이제는 이러한 말에도 너그러워지고 동의할 수 있는 자리에 어느덧 와 있다. 우리는 은퇴 후의 삶을 '인생의 오후'라는 단어로 치장하기도 한다. 나도 그렇게 표현을 하고 싶다. 그러면서 이 문구에 이러한 전제 조건을 붙여서 말하고 싶다.
"우리의 인생에 있어 늦은 것은 없다."
모든 것은 때가 있다고 한다. 특히 우리 인생이 그렇다. 왜냐하면 '이 때'라는 말은 인생의 오후와 가장 잘 어울리는 단어이기 때문이다.

등산을 위해 산을 오르고 있는데 가지고 있는 배낭이 너무 무거워서 벗어버리고 싶었지만, 참고 정상에 올라가서 배낭을 열어보니 먹을 것이 가득하였다. 인생도 이와 다르지 아니하다. 짐 없이 사는 사람은 없다. 인생 자체가 짐이며 사람은 누구나 저마다의 짐을 감당하고 살아야 한다. 짐의 무게가 무거울수록 언젠가는 짐을 풀게 되면 짐의 무게만큼 보람과 행복을 우리는 반드시 얻게 될 것이다. 헛바퀴 도는 차에 일부러 짐을 싣는 것과 마찬가지이다. 우리는 인생이라는 짐을 함부로 내려놓아서는 아니 된다.

누구는 말했다. "마음대로 하고 싶은 것을 하고 그리고 애써서 살아 왔다면 그 삶이 잘되었건 그렇지 않았건 괜찮았던 삶이라고." 우리는

"내일은 잘 될 거야"보다 "오늘도 충분한 거야"라고 말해보자. 인생은 미래형이 아닌 현재형이며 그 중심에 내가 있는 것이기 때문이다.

스펜서 존슨은 《선물》이란 글에서 성공이란 그게 무엇이든 내가 중요하게 여기는 것을 향해서 나가는 것이라고 했다. 그리고 성공은 다른 사람의 지지로부터 얻어지는 결과물이라고 할 수 있다. 어찌 보면 성공의 척도는 머리가 좋은 것도 힘이 센 것도 아니라 방향을 잘 잡는 능력인지도 모른다.

우리가 한 번쯤 돈을 안 내고 가벼운 맘으로 기분 좋게 비행기를 타보려고 마일리지를 열심히 쌓아가는 것처럼 우리는 인생의 마일리지를 열심히 쌓아가야만 한다.

그러면 언젠가는 이 마일리지로 나의 인생 성공 이야기를 쓸 수 있는 멋진 재료가 될지도 모른다. 우리 삶은 '하나의 기회가 또 다른 기회를 낳고 그 기회가 다른 기회를 낳는다'. 그리고 도전하는 삶은 반드시는 아니겠지만 늘 새로운 성공의 길로 우리를 안내할 수 있다.

손흥민, 호날두, 메시 등 최고의 축구 선수들은 어린 시절부터 축구에 천부적 재능을 타고난 것이 분명하다. 그러나 그들이 축구 스타로서 전성기를 꽃피운 것은 어려서부터가 아닌 많은 시련을 이겨내고 실력을 다지고 난 한참 후에서야 스타로서 우뚝 설 수 있었던 것이다. 세상에는 하루아침에 쉽게 이루어지는 일이 없다. 지금 하고 있는 일에 답이 있다. 누가 알아주기를 기대하기 전에 먼저 최선을 다하라. 최고가 되면 세상은 결국 나를 찾는다.

둘. 연두색이 아름다운 이유는

1. 인생은 희망의 투자이다

잠을 자면 꿈을 꾸지만 뛰어가면 꿈을 이룰 수 있다. 우리에게 주어진 이 삶의 시간들도 어떻게 어떤 방법으로 쓰느냐에 따라 그 결과가 크게 달라진다. "노력이란 자기에게 주어진 복을 찾아 먹는 것"이라고 얘기한다. 즉 기회를 잡기 위해서 준비하고 기다리는 것이다. 희망을 품은 내일이 온다는 믿음을 가지고……

김영익 교수는 "최선을 다해서 사는 사람이 프로다." 그리고 "자기 자신에게 하는 투자가 최고의 투자"라고 말했다. 희망은 미래에 이루어질 일에 대한 기대와 염원에서 온다고 한다. 그러기에 젊음이라는 단어에는 쌍둥이처럼 희망이라는 단어가 붙어 다녀야 하고 젊음이라는 특권이 있기에 미래를 위하여 그 희망의 씨앗을 뿌려야 하는 것이다.

그러면 그 희망의 씨앗은 무엇일까? 무능보다도 더 좋지 않은 것이 '무노력'이다. 노력이라는 대가가 없이 희망이 있는 미래를 기대한다면 그것은 우리가 이 세상에 나서 삶에 대한 기본 예의조차 갖추지 못한 채 삶을 살아가는 것이라고 나는 생각한다. 꿈과 희망이 있다면 잠시 길을 잃을 수 있어도 방향을 잃지는 않는다.

영원한 청년이라 불리는 슈베르트……. 고단한 짧은 생을 가졌던 슈베르트……. 그는 제대로 된 직업도 없고 곤궁하여 친구의 집에 얹혀 살아야 했다. 힘들게 만들어진 작품들은 출고도 되지 않아 빛을 보지 못했고 대표작이었던 미완성 교향곡조차도 그의 사후 40년 뒤에나 발견되어 세상의 주목을 받았다고 한다.

인생에서 성공은 끊임없이 자기 자신을 갈고닦고 도전하고 실패하고 다시 일어서는 축적의 반복이라는 루틴을 통해서 얻어지는 위대한 결과물이다. 31세라는 너무나 젊은 나이에 요절한 그의 묘비명에는 이렇게 그를 추모하는 글이 새겨져 있다.
"음악은 여기에 보물보다 더 귀한 희망을 묻었다."
이는 천재 음악가의 고단한 삶을 더 많은 세상의 사람들이 기억해 주기를 바라는 아쉬운 마음을 담은 것이다.

언젠가 인상 깊게 보았던 손흥민 선수의 인터뷰가 생각난다.
"매 경기 매 경기마다 저의 인생을 거는 것처럼 감정을 깊이 넣어 경기에 임하다 보니 게임에서 지면 좀 억울하기도 하고 화도 나고 그런다."
라는 승부사로서 솔직한 인터뷰를 통하여 세계적인 스포츠 스타가 그냥 쉽게 만들어지지 않는다는 사실을 느끼게 했다. 설렘과 목마름이 없다면 마음이 늙은 것이고 진정 살아 있는 것이 아니라는 말처럼…….

모소대나무를 아는가? 언젠가 모소대나무에 대한 이야기를 책에서 읽은 바 있다. 중국의 극동지방에서만 자란다는 희귀종 '모소대나무',

여기저기 씨앗을 뿌려놓고 매일같이 정성 들여 키운다. 그러나 씨앗에서 싹이 움트도록 수년 동안 많은 정성을 다하지만 모소대나무는 4년이 지나도 불과 3cm 정도밖에 자라지 않는다고 한다. 이 모소대나무의 특징을 모르는 타지방 사람들이 이 모습을 보면 도무지 이해하지 못한다고 한다. 하지만 이 대나무는 5년째 되는 때부터 하루에 무려 30cm가 넘게 자라기 시작하여 폭풍 성장을 계속한다고 한다. 그렇게 6주 만에 15m 이상 자라면서 짧은 시간 안에 빽빽하고 울창한 대나무 숲으로 뒤덮이게 된다. 4년 동안 단 3cm밖에 자라지 않았던 모소대나무는 5년 후부터 그야말로 폭발적인 성장을 하게 되는 것이다. 6주 만에 놀라운 일이 벌어진 것 같지만, 그전 4년 동안 모소대나무는 땅속에 수십 미터에 이르는 뿌리를 단단히 내리면서 미래의 성장을 준비해 왔던 것이다. 기다림의 가치가 빛을 발하는 순간이다. 지난한 기다림 속에 깊고 넓게 땅속으로 뻗어 나간 모소대나무의 뿌리는 기다림과 인내 그 자체다.

우리 삶에서 젊은이들에게도 그런 시기가 필요하지 않을까 생각한다. 모소대나무만큼은 아니지만 우리 인생의 긴 기다림…… 그때는 잘 알지 못했지만 많은 세월이 지난 후 어렵고 어두웠던 인고의 시절이 우리 인생에 희망의 씨앗이 뿌리내리고 있던 소중한 시간이었던 것이다. 힘겨운 겨울을 잘 이겨낸 나무들만이 봄이 되면 멋진 꽃망울을 터트리는 것처럼 말이다.

성공이라는 가치가 삶에 있어서 최고의 가치는 아닐지라도 우리가 성공을 하기 위해서는 대나무가 성장하기 위해 줄기 하나만을 키우는 데 올인을 하는 것처럼, 젊음에 있어서 성공이라는 단어는 올인이라는 단어와 어찌 보면 가장 잘 어울리는 단어이다. 인생은 항해와 같다. 목적지에 다다르기 위해서는 등대와 같은 나만의 좌우명이 있어야 하고 인생의 방향을 제대로 안내할 수 있는 나만의 나침반이 있어야 한다. 그리고 나의 밝은 미래를 상상하고 배우고 깨닫고 이겨내야만 한다.

최근 통계에 의하면 일하지 않고 그냥 쉬고 있다는 청년이 45만 명에 이른다고 한다. 세상이 아무리 어렵다 해도 한 개인은 개인대로 공동체는 공동체대로 그 어려움을 이겨내고 발전적이고 미래가 있는 변화를 스스로 만들어 내야 한다. 젊은이에게 있어서 가장 중요한 것은 미래에 대한 희망의 투자이다. 많은 사람들이 좋아하는 박완서 선생은 나이 40이 되어서야 소설가로 등단하여 많은 책을 남겼고, 1000번의 시행착오 끝에 1001번째에 이르러서 전구 필라멘트를 발명했다고 알려진 토마스 에디슨 등 우리는 시행착오라는 시련을 이겨내고 우뚝 선 많은 이들을 보아왔다.

우리는 꿈을 그리며 살아간다. 꿈에서 깨어나면 꿈을 이룰 수 있다. 우리는 늘 꿈을 꾸고 또 그 꿈을 이루며 살아가고 있다. 사람은 40일을 먹지 않고도 살 수 있고, 30일은 물을 안 마시고 살 수 있고 8분 동안은 숨을 안 쉬고도 살 수 있다고 한다. 그러나 희망이 없이는 단 2초도 살 수 없다. 오노 요코도 혼자 꿈을 꾸면 그것은 꿈에 불과하지만, 여럿이 함께 꿈을 꾸면 그것은 현실이 된다고 말하지 않았던가?

간절함은 모든 성공의 씨앗으로 몸과 마음이 하나가 되는 몰입의 상태를 말한다. 세상의 모든 일은 간절함의 크기만큼 이루어진다고 한다. 간절함이 크면 클수록 당겨오는 자력의 힘이 더 커지기 때문이다. 만유인력의 법칙을 발견한 뉴턴에게 어떻게 그 법칙을 발견할 수 있었냐고 사람들이 묻자 그는 "나는 내내 그 생각만 했습니다"라고 답했다고 한다. 많은 사람들이 성공을 기대하면서 노력을 한다. 노력을 하면서 잊지 말아야 하는 것은 내가 반드시 성공하고 말겠다는 간절하고도 굳건한 마음을 가졌는지를 자기 자신에게 먼저 물어보아야 한다. 내가 내 삶의 주인공이 되는 삶을 살고 있는지 확인해 보자. 진정한 희망이란 바로 나를 신뢰하고 내 마음을 따라 희망의 나무를 심는 것이 아닌가?

2. 연두색이 아름다운 이유는

봄에 만나는 연두색이 아름다운 것은 조금 시간이 지나면 초록색으로 바뀐다는 자연의 섭리를 알고 있기 때문이다. 즉 자연이 잠시 동안 허락한 정말 아름다운 색깔을 가질 수 있는 한정된 시간이기 때문이다. 우리의 인생 또한 마찬가지이다. 그러기에 오늘의 젊음이 더욱더 소중한 것이다. 흔히 골든타임이라는 의미는 "가장 좋은 시간"이라는 의미이자 가장 아름다운 시간이라고 말할 수 있는 순간을 의미한다. 우리의 인생에서 골든타임은 자연이 잠시 허락해 주어서 아름다움이 더욱 빛나는 연두색처럼 '인생에서도 젊은 날'이 아닐까 한다.

청춘! 이는 듣기만 하여도 가슴 설레는 말이다.
"청춘! 너의 두 손을 가슴에 대고, 물방아 같은 심장의 고동을 들어보라. 청춘의 피는 끓는다. 끓는 피에 뛰노는 심장은 거선의 기관과 같이 힘이 있다.

[중략]

청춘은 인생의 황금시대다. 우리는 이 황금시대의 가치를 충분히 발휘하기 위하여 이 황금시대를 영원히 붙잡아두기 위하여 힘차게 노래하며 힘차게 약동하자."

지금 읽어보니 옛날 국민교육헌장을 다시 읽어보는 기분이다. 고교 시절 국어 교과서에 실렸던 민태원 선생의 《청춘예찬》이라는 수필로, 내용이 길지 않아서 통째로 외워 한 시간 가까이 걸어서 가야 했던 등굣길에 읊조렸던 기억이 난다.

시간은 잔액이 없다고 한다. 매일 당신에게 8만 6,400원이 입금이 된다면, 그런데 당일이 지나면 남지 않는다면 당신은 어떻게 하겠는가? 답은 당연히 그날 모두 찾을 것이다. '시간은 돈'이라는 말처럼 시간은 마치 우리에게 이런 돈과 같은 것이다. 매일매일 우리는 86,400초를 부여받고 있지만 무의미하게 버리고 있지는 않은지 돌아볼 일이다. 시간은 잔액이 없다. 그러기에 우리는 주어진 시간을 최대한 아낌없이 알차게 써야 한다. 당신은 오늘 청춘이라는 소중한 가치와 함께 조건 없이 주어진 86,400초라는 선물 같은 시간을 어떻게 쓰고 있는지 돌아보자.

가수 인순이 님이 부른 '거위의 꿈'이란 노래의 가사가 더 깊이 내 가슴에 와닿는다. 나도 저런 꿈을 꾸던 젊음이 있었는데……. 나의 젊음은 어디로 가고…….

"난 꿈이 있었죠. 버려지고 찢겨 남루하여도 내 가슴 깊숙이 보물과 같이 간직했던 꿈.
혹 때론 누군가가 뜻 모를 비웃음 내 등 뒤에 흘릴 때도 난 참아야 했죠. 참을 수 있었죠.

그날을 위해 늘 걱정하듯 말하죠. 헛된 꿈은 독이라고.
세상은 끝이 정해진 책처럼 이미 돌이킬 수 없는 현실이라고.
그래요 난, 난 꿈이 있어요. 그 꿈을 믿어요. 나를 지켜봐요.
저 차갑게 서 있는 운명이란 벽 앞에 당당히 마주칠 수 있어요.
언젠가 난 그 벽을 넘고서 저 하늘을 높이 날 수 있어요.
이 무거운 세상도 나를 묶을 순 없죠. 내 삶의 끝에서 나 웃을 그날을
함께해요…….
난, 난 꿈이 있어요. 그 꿈을 믿어요. 나를 지켜봐요."

노무현 대통령은 대학 캠퍼스에서 젊음의 시간을 갖지 못한 분이다.
그는 재임 시 모 대학교 특강에서 젊은 학생들에게 "나는 섭리를 거역
하지 않고 살아왔다. 그리고 확실하게 내 인생에 투자하였다. 그래서
젊은 시절 열심히 공부했고 현재에 인생의 전부를 걸었다"라고 말했
다고 한다.

언젠가 한 방송인이 수상 자리에서 젊은 후배들에게 "신인 시절에는
하얀 도화지가 되어라. 그래야 자신만의 색깔로 도화지의 그림을 그
릴 수 있기 때문이다"라고 말하는 것을 보았다. 연예인 선배로서 멋진
인생 조언이 아닌가 하는 생각이 들었다.

우리 인생에도 가장 좋은 때가 있다. 낚시꾼들이 낚시를 할 때에도 물
때가 더없이 중요하다는 것은 이미 알려진 사실이고, 우리가 고깃집
에서 고기를 구울 때에도 적당히 구워야 육질을 유지하면서 좋은 고
기 맛을 즐길 수 있다. 최적의 시간이라고 하는 골든타임을 우리는 놓
치지 말아야 한다. 모든 것은 때가 있다. 나는 청춘들에게 물어보고

싶다. 나는 지금 어디에 서서 어떠한 결정을 해야 하는지, 그리고 그런 골든타임을 놓치고 있는 것은 아닌지 한 번쯤은 돌아보아야 한다고……

"인생에서 너무 늦었거나, 혹은 너무 이른 나이는 없다."
청춘들은 대부분 가장 일찍 꽃을 피우는 '매화'가 되려고만 한다. 왜 그대들은 하나같이 초봄에 피어나지 못해 안달인가? 잊지 마라. 그대라는 꽃이 피는 계절은 따로 있다는 사실을. 늦가을에 피는 국화의 모습은 고고하기까지 하고, 무더운 여름을 백 일 동안 견뎌내는 백일홍은 더 아름답다. 그대의 꽃이 아직이라면 그것은 단지 때가 되지 않았을 뿐이다. 미국의 영화제인 아카데미상에서는 신인상이 없다는 사실을 알고 있는가? 다소 늦더라도 그대의 계절이 오면 여느 꽃 못지않은 화려한 기개를 피워내면 될 것이다. 젊음이란 넘치는 것보다 부족함이 더 많은 것이 자연스럽다. 청년은 아직 부족한 것이 많고 채워야 할 것은 더 많이 남아있기 때문이다. 이러한 상황을 우리는 자연스럽게 받아들이고 이해하여야 한다.

젊음은 화병에 있는 꽃처럼 일정한 시간이 지나면 시들지만, 청춘은 우리의 마음속에 있는 것이라서 내가 잘 간직만 한다면 오래오래 가지고 갈 수 있는 것이다. 그래서 나이가 들어 어른이 되어도 마음속에 있는 청춘은 시들지 않는 것이다. 우리가 길을 가다가 빨간 신호등을 만나도 편안한 마음으로 기다릴 수 있는 것은 조금만 더 있으면 신호가 파란색으로 바뀔 것이라는 것을 모두가 알기 때문이다. 지금 내가 삶의 어려운 고비를 넘어가고 있다면 신호등이 알아서 파란색으로 바뀌듯이 내 삶의 앞에도 좋은 날이 오고 있다는 사실을 기억하자.

3. 생각이 삶을 바꾼다

영국 시인 제임스 앨런은 "우리는 오늘 우리의 생각이 데려다 놓은 자리에 존재한다. 그리고 우리는 내일도 우리의 생각이 데려다 놓은 자리에 존재하고 있을 것이다"라고 말했다. 《크게 생각할수록 크게 이룬다》라는 책으로 유명한 데이비드 슈워츠는 《리더의 자기 암시법》이라는 책에서 "성공은 지능의 크기보다 생각의 크기로 결정이 된다"고 말했다. 즉 크게 생각을 하여야 더 큰 삶을 살 수 있게 된다는 것이다. 그것은 바로 행복, 성취, 돈 등 모든 것이 더욱 커져 가는 성공적인 삶을 의미한다. 즉 사람은 자신이 생각하는 대로 이루어 갈 수 있기 때문이다.

믿음이라는 자기 신념과 확신을 통하여 우리 마음의 방향을 정하고 그쪽으로 움직여야만 한다. 그러한 믿음을 강화하기 위해서 실패가 아닌 성공이라는 생각만을 하고, 나는 나의 생각보다 더 크게 성공할 수 있다는 자기 확신과 믿음을 가져야 한다. 그리고 나의 행동은 나의 생각에 지배를 받는다는 사실을 잊어서는 안 된다.

다른 사람들이 나의 능력을 판단하는 일반적 기준 역시 나의 행동에 있다. 즉 우리는 내가 생각하는 크기와 행동의 가치만큼 세상으로부터 대접과 인정을 받는다. 우리는 삶을 살면서 세상의 중심에 나를 두고 세상 사람들을 올바른 시선으로 바라보고, 고귀하고 존경받는 모습으로 세상이라는 거울에 나 자신을 비추어 나아가야 한다.

사람은 길을 가다가 돌이 나타나면 삶의 패배자는 그것을 걸림돌이라 생각을 하고, 삶의 승리자는 그것을 디딤돌이라고 생각을 한다는 말도 이를 뒷받침한다.

그리고 자기 자신을 어떻게 생각하느냐가 자기에게 직접 영향을 미친다. '로젠탈 효과'는 타인의 기대나 관심으로 인해 좋은 결과를 얻게 되는 현상을 말하고, '피그말리온 효과'는 키프로스 섬의 왕이자 조각 솜씨가 뛰어났던 피그말리온이 상아로 '갈라테아'라는 아름다운 여인상을 조각하였고, (간절한 믿음으로 그 조각상이) 실제로 생명을 얻게 되었다는 신화에서 유래한 현상을 의미한다. 즉 긍정적 기대와 마음을 가지고 대하면 현실이 될 수 있다는 것이다.

우리는 인생을 어떻게 하면 잘 살아갈 수 있을까? 우리 인생은 시나리오, 즉 각본이 있고 그 각본에 의해서 살아가는 것이라고 한다. 즉 각자의 시나리오에서 자기의 역할을 연기하는 것이기에 우리의 삶은 시나리오가 어떻게 쓰여 있느냐에 따라 결정된다고 한다. 우리가 성공적인 삶을 살고 싶다면 그 삶의 시나리오가 어떻게 쓰였는지 확인을 하고 문제가 있다면 다시 써야 한다. 인생의 시나리오를 쓰는 것은 물론 그것을 바꾸고 연기하는 것도 우리 자신의 몫이기 때문이다.

일례로 우리가 자라는 과정에서 긍정적 이미지와 부정적 이미지를 얼마나 받았느냐에 따라서 우리의 삶은 달라진다고 한다. 우리가 어려서부터 많은 부정적 이미지를 받고 자랐다면 이러한 부정적 암시와 이미지에 의해서 우리의 인생은 그대로 살아가고 있는 것이나 다름없다. 우리 삶을 지배하는 것은 5%의 의지가 아닌 95%의 잠재의식이며 이 잠재의식에 의해서 인생을 살아가는 것이다. 우리는 우리 잠재의식 속에 무엇이 숨어 있는지 살펴보아야 한다. 사람은 자기 경험에 의해 스스로의 능력을 한정하고 있는지도 모른다.

벼룩의 실험에 의하면, 6m까지 도약이 가능한 벼룩을 병에 넣고 뚜껑을 닫아놓은 후 한참 뒤에 꺼내어 놓으면 벼룩은 병의 높이 이상으로 도약하지 못한다. 이 벼룩은 병 높이 정도밖에 뛰지 못한다고 스스로 프로그램화되어 있어서 그 이상은 도약하지 못한다고 생각하기 때문이다. 서커스단의 코끼리도 마찬가지이다. 큰 나무까지 통째로 뽑을 수 있을 정도로 힘이 센 코끼리지만 어려서부터 자기의 능력이 한정돼 있다는 훈련에 의해 프로그램화되면서 가녀린 서커스단 여조련사의 손에 끌려다니는 신세가 된다.

사람의 인생도 생각의 시나리오에 의해서 자기 삶을 연기하고 있는 것이다.
따라서 우리가 성공하기 위해서는 내 삶의 시나리오가 잘못되었다면 이를 다시 써야 한다. 시나리오를 바꾸지 않는 한 성공하는 삶을 살 수 없기 때문이다. 자아 이미지란 잠재의식 속에서 일어나는 정신적 프로세스이다. 우리가 성형수술의 효과를 극대화하기 위해서는 좋은 의사를 만나서 얼굴의 모습을 잘 바꾸는 것도 중요하지만, 자아 이미지를 바꾸어 행동하는 것이 더 중요한 것처럼 말이다.

우리 인생도 잘 만들어진 자기 생각과 이미지의 토대 위에서 목표를 세우고 현실적인 노력을 기울일 때 원하는 바를 얻을 수 있다. 다시 말해 인생에 있어 성공의 열쇠는 열심히 하는 것이 아니라 자기 이미지와 시나리오를 바꾸는 것이 더욱 중요하다. 우리 인생이 주연인지, 조연인지, 엑스트라인지 그 주어진 삶의 역할에 따라서 저마다 연기를 하는 것이 인생이기 때문이다. 자기 인생의 시나리오를 바꾸지 않고서는 사람은 자신의 삶을 성공적으로 이끌 수 없다. 우리 인간은 누구나 알라딘의 램프를 가지고 있다. 이 잠재의식 속에서 거인을 불러내는 것이 신념의 자기암시이다. 표면의 힘 5%가 현재의식이라면 이면의 95%는 잠재의식으로 상상의 영역이라 할 수 있다.

말이 씨가 된다는 이야기가 있다. 사람은 자기가 내뱉은 말과 똑같은 삶을 살아가게 된다. 말이 곧 그 사람의 사고방식을 나타내고 자기가 생각한 대로 살아가는 것이기 때문이다. 긍정적이고 희망적인 말을 이야기하다 보면 현재의 내 삶도 긍정적이고 희망적인 삶으로 바뀌어가게 된다. 어쩌면 성공이란 자신이 원하는 역할로 자신의 시나리오를 쓰고 그 시나리오에 의해 역할을 함으로써 자신의 인생을 실현해 가는 것이다. 이것이 성공이라는 길로 가는 지름길이라고 할 수 있다.

일본인들이 관상어로 많이 키우는 '코이'라는 잉어가 있다. 이 물고기는 어항에 넣어 두면 10cm까지 자라고, 연못에서 키우면 30cm까지 자란다고 한다. 그러나 강물에 이 물고기를 풀어주면 1m까지 성장을 한다고 한다. 이렇듯 물고기조차도 환경에 큰 영향을 받는데 우리 사람들이야 어떠하랴! 주어진 환경과 생각이 우리의 삶의 크기에 영향을 미치는 것은 말하면 이 또한 잔소리이다.

완벽한 사람은 없다. 다만 자신의 부족함을 잘 아는 사람과 그것을 잘 모르는 사람만 있을 뿐이다. 그리고 자신을 알고, 자신의 생각을 바꾸고, 현명한 길로 자신을 안내하는 것이야말로 성공적으로 인생을 살아가는 최선의 방책이다.

생각하는 것이 다른 사람은 남과 다른 삶을 살고, 사는 게 다른 사람들은 생각하는 게 다르다고 한다. 결국 생각을 바꾸는 것은 나 자신이고 그 생각을 실현해 가는 것 또한 나 자신이다. 생각이 사람의 삶을 바꾸는 것처럼, 생각과 실천 뒤에 따라올 나의 달라질 미래의 인생 모습을 그려보자.

4. 아프니까 청춘이다

'줄탁동시(啐啄同時)'라는 말이 있다. 이는 알 안에서는 병아리가, 알 밖에서는 어미 닭이 동시에 껍질을 쪼아서 알을 깨고 나오는 것을 의미한다. 줄탁동시와 유사한 가르침은 《성경》의 〈누가복음〉에서도 찾아볼 수 있다.

"구하라, 그리하면 구할 것이요. 찾으라, 그리하면 찾을 것이요. 두드려라, 그리하면 열릴 것이니라."

사람은 구하고 찾지 않는 것은 눈앞에 있어도 그것이 귀한 줄 모른다. 사람은 자신이 원하지 않는 문은 열려 있어도 들어가지 않는다. 구하고 찾아야 얻음이 있고, 두드려서 열고 들어가는 것이다. 한자 성어에도 '사람이 해야 할 일을 다 하고 나서 하늘의 뜻을 기다린다'라는 의미를 뜻하는 '진인사대천명(盡人事待天命)'의 가르침이 있다. 사람이 자신의 할 일을 다 하고 나머지는 하늘의 순리에 맡긴다는 의미이다. 《레미제라블》에는 눈물 젖은 빵을 먹어 보지 못한 사람과 인생을 논하지 말라는 이야기가 있다.

우리는 젊음을 말할 때 꿈, 노력과 기다림이란 단어를 떠올린다. 꿈은 명사가 아니라 우리의 인생을 움직이는 '동사'이다. 비가 내리지 않으면 무지개도 뜨지 않는다. 비가 오지도 비를 맞지도 않았는데 멋진 무지개가 뜨기만을 기다리고 있는 것은 아닌지 우리 자신을 냉철하게 돌아보자.

'성장통'이라는 단어가 있다. 이는 사람만의 이야기가 아니다. 사람을 비롯한 지구상의 모든 생명체는 성장통이 필요하다. 바닷가재가 오래 사는 이유는 껍질 벗기 때문이라고 한다. 일반 곤충들이 애벌레에서 성충이 되는 과정에서 껍질 벗기를 하지만 바닷가재는 성장과 생존을 위하여 껍질 벗기를 한다고 한다. 바닷가재는 시간이 흐를수록 성장을 하게 되는데 알려진 수명은 40~50년이 되고 간혹 그 이상을 사는 것들도 있다고 하니 참으로 놀라운 일이다.

일반적인 생명체는 세월에 따라 노화하지만 바닷가재는 죽을 때까지 성장을 계속한다고 한다. 그 비결은 바로 끊임없는 껍질 벗기이다. 바닷가재의 몸통은 어느 시점이 되면 껍질 안을 가득 채우게 되고 더 이상 자랄 수 없는 몸통은 자기를 감싸고 있는 껍질을 쪼개고 스스로 껍질을 벗는다. 이때 속살은 다시 단단해지고 속살을 키우면서 딱딱한 껍질로 다시 자란다. 껍질 벗기는 바닷가재에게 있어서 매우 힘들고도 고된 과정이지만 성장과 생존을 위한 성장통인 것이다. 우리 인간에게도 스스로 껍질을 벗는 것과 같은 과정이 필요하다. 이러한 성장통이 없이는 온전한 인격체로 성장하기는 쉽지 않다. "성장을 계속하는 바닷가재가 오래 살듯이 날마다 성장하는 사람은 늙지 않는다"라고 철학자 김형석 교수도 말하였다. 미래를 위해 현재를 희생하는 삶, 미래의 희망과 삶의 열정을 놓지 않는 삶, 이것이야말로 우리 인간을 더 많이 성장시켜 주는 최고의 처방전이라고 할 수 있다.

독수리 이야기는 더 흥미롭다. 독수리는 조류 가운데 수명이 가장 긴 것으로 알려져 있다. 강인한 부리, 날카로운 발톱과 망원경만큼 좋은 시력 등 새 중의 새이며 하늘의 제왕이라는 칭호가 조금도 부족함이 없다. 이런 독수리가 장수하는 이유는 무엇일까? 독수리는 일반적으로 40년 정도 살게 되면 부리가 구부러지고, 날카롭던 발톱도 무디어지고, 날개는 날렵함을 잃어버리게 되고 더 이상 멀리 날기도 힘들어지면서 하늘의 제왕으로서 위용도 잃어버리게 된다고 한다. 이때 독수리는 아무도 오를 수 없는 높은 곳에 올라서 둥지를 튼다. 이곳에서 독수리는 자기의 부리가 빠질 때까지 바위에 자신의 부리를 부딪치고 그러면 구부러진 부리가 빠지고 강인해진 새 부리를 얻게 된다고 한다. 이때 부리로 무뎌진 발톱을 뽑아내는 고통을 선택한다고 한다. 아무것도 먹지 못하는 상황에서 이 고통을 이겨내면 다시 날카로워진 발톱이 자라나기 시작하여 옛 모습을 되찾게 된다. 마지막으로 무기력하고 노화된 깃털을 뽑아내고 털어내게 되면 낡은 깃털은 모두 빠지게 되고 새로운 깃털을 얻게 된다.

이때 독수리는 새로운 날갯짓을 하며 다시 창공을 차오르게 된다. 즉 자신과의 치열한 싸움을 이겨내고 새로운 삶을 얻게 되는 것이다. 그리하여 남은 40년을 새로운 부리와 새로운 발톱, 새로운 날개를 가지고 제2의 삶을 살게 되는 것이다. 우리 사람도 질풍노도의 시기를 지나 부모의 그늘을 벗어나게 되면 나 자신이 내 삶의 주인으로 한 사람의 인격체가 되어 스스로의 삶을 살아가야 한다. 삶은 쉬운 것도 만만한 것도 아니다. 그러한 세상에서 병아리가 알에서 깨어나듯 새로운 나로 다시 태어나야만 한다. 세상에서 가장 큰 날개를 가진 새 알바트로스는 사나운 폭풍이 몰아치면 3m가 넘는 큰 날개를 펼쳐서 가장 멀리 가장 높게 비상한다. 우리 인간의 삶도 환경이 어려울 때 성장을 위한 도전을 멈추지 말아야 하는 이유이다.

강산에가 불렀던 '넌 할 수 있어'라는 노래의 가사는 이러하다.
"후회하고 있다면 깨끗이 잊어버려. 가위로 오려낸 것처럼 다 지난 일이야. 후회하지 않는다면 소중하게 간직해. 언젠가 웃으며 말할 수 있을 때까지. 너를 둘러싼 그 모든 이유가 견딜 수 없이 너무 힘들다 해도 너라면 할 수 있을 거야. 할 수가 있어. 그게 바로 너야. (중략) 다시 생각해 보는 거야. 세상이 너를 무릎 꿇게 하여도 당당히 네 꿈을 펼쳐 보여 줘. 너라면 할 수 있을 거야."

그런데 우리 인생이야 어떠하랴…….
어린아이가 자라면서 청년기를 지나고 어른이 되기까지 사람은 많은 시련을 이겨내야만 한다. 그 과정은 힘들고 아프고 시행착오도 많다. 인생에서 실패는 삶의 레슨비라고 한다. 그리고 실패와 시행착오는 스펙의 또 다른 이름일 뿐이다. 그것이 젊은이만이 가지는 특권이기 때문이다.

이 쉽지 않은 세상에서 단 한 가지 젊음이라는 무기를 들고 인생 앞에 서 있는 청년들이여……. 세상은 비판적으로 바라보되 인생에 대한 생각은 긍정적으로 가져라. 그리고 그대들의 생각을 가두지 마라. 생각의 크기만큼 그대들은 성공할 수 있다. 그리고 그대들 앞에 있는 인생에 모든 것을 걸어라! 이는 오직 그대들만이 할 수 있는 특권이요 기회이기 때문이다.

5. 그대 가장 빛나는 별

"땡땡땡 세 번이면 딩동댕"이란 말이 있다. 긴 세월 동안 '전국노래자랑'의 사회를 맡으면서 우리 국민들과 함께했던 고(故) 송해 선생은 "땡땡땡 세 번이면 딩동댕"이란 말로 우리 삶의 철학을 일깨워 주는 이야기를 했다. 어떤 연예인은 자기 몸 간수를 잘하지 못해서 3번의 수술을 하였고, 공항의 검색대를 통과할 때 3번의 '삐, 삐, 삐' 소리가 나야 검색대를 통과할 수 있다고 말했다.

실수는 있어도 실패는 없다는 말을 우리는 너무 많이 들어왔다. 88 올림픽 양궁 2관왕 김수녕은 "시위를 떠난 화살에는 미련을 두지 않는다"라고 말하였고, 야구 선수 이승엽은 "노력은 결코 배신하지 않는다"라는 평범한 문구를 되새겼다고 한다.

수영 선수 박태환은 "한 번은 실수다. 그러나 두 번은 실패다"라고 이야기했고, 역도 선수 출신으로 체육부 차관을 지낸 장미란은 "인생과 역도는 무게를 견디며 살아야 한다는 점에서 닮았다"고 얘기했다.

마디가 있는 대나무는 부러지지 않고 높이 자란다. 세상에 지지 않고 이기는 삶을 살자. 후회는 남겨도 미련을 남기지 마라. 보이는 성공보다 스스로 자기 그릇을 키우는 노력을 하라. 뇌는 절실하면 이루어지게 한다. 뇌는 밭과 같기 때문이다. 결국 포기하지 않는다면 성공이라는 목적지에 다다를 수 있다.

최경주는 우리 국민들에게 노력하는 뚝심의 골프 선수로 알려져 있다. 그는 2024년 5월 'KPGA SK텔레콤 오픈'에서 우승한 후 인터뷰에서 "인생이 벙커에 빠지면 최선의 노력을 해서 빠져나오고 그도 여의치 않으면 공을 들고 나와라! 거기가 끝이 아니다"라고 말했다. 그는 30년 프로 인생에 2025년 디 오픈(The Open) 출전권을 얻는 영예도 누렸다. 그가 물에 빠진 줄 알았던 공이 작은 섬에 안착해 있었다. 백 번을 쳐도 그곳에 다시 공을 올릴 수는 없을 것이다. 인간의 능력에는 한계가 있다는 것을 그 경기를 통해 알았고, 가장 "위대한 스승은 너 자신이다"라는 말을 하면서 큰 거울을 세워놓고 스윙 연습을 조금도 게을리하지 않았다고 말했다. 골프는 내가 흘린 땀의 무게를 정확히 계산을 해준다. 젊을 때 하루 1,000개의 공을, 요즘에도 400개를 꾸준히 쳐내고 있다고 한다. 그는 "슬럼프란 단어는 쓰지 않는다. 도전을 하는 과정에서 부족한 것을 채우려고 노력하는 것이 왜 슬럼프인가?"라는 말을 남겼다.

바다의 어부도 고기 떼가 오기 전에 그물을 쳐야 고기를 잡지, 고기 떼가 오고 난 후에 그물을 펼치면 이미 때는 늦다. 모든 것에는 때가 있다. 인생도 마찬가지다.

우리는 살면서 종종 선택의 고민에 빠지는 경우가 있다. 곽금주 교수의 말에 귀 기울여 보자. 우리는 살면서 "왜 했나"보다 "왜 안 했나"라고 후회하는 것이 더 크다고 한다. 그러기에 주저하지 말고 일단 저질러 보는 용기가 우리 삶에서 필요하다. 삶을 돌아보면서 생의 마지막 날 후회하지 않게, 하고 싶었던 일을 당장 해보자. 사람들은 일반적으로 자신이 한 일과 하지 않은 일 모두를 후회하는 경우가 많다고 한다. 그런데 이 중 하지 않은 일에 대하여 후회하는 경우가 더 많다고 한다. '후회는 해도 미련을 남기지 말라'는 이야기가 있듯이 어차피 후회할 거라면 더 이상 주저하지 말고 당장 시도해 보라. 이는 젊은이들에게 몇 번이고 해주고 싶은 이야기이다. 후회는 남겨도 미련은 남기지 마라! 그것이 인생이다.

우리나라 경제 성장의 중심에서 큰 역할을 한 이병철 회장이 말하는 성공의 3대 요소는 운(運), 둔(鈍), 근(根). 즉 운이 좋고 고지식하며 끈기가 있어야 한다는 것이다. 인생은 발전하고 진화하는 삶을 살아야 한다. 실수와 노력이란 어떤 의미인가? 기어 다니던 아이가 걸어 다니기 전까지 3,000번을 넘어지고서야 겨우 걷는 법을 배운다고 한다. 우리는 벌써 3,000번을 넘어졌다가 일어난 사람들이다.

마시멜로는 초코파이 사이에 든 설탕 젤리로 미국 아이들이 최고로 좋아하는 과자다. 미래를 위하여 현재의 어려움을 참고 기다릴 줄 아는 능력이 마시멜로의 능력이고 인생 성공을 위하여 꼭 필요한 능력이다. 결핍은 성공을 이뤄가는 동력이다. 점보여객기가 이륙하려면 시속 300km로 1.8킬로(km)의 활주로를 달려야 가능한 일이다.

젊음은 도전을 할 수 있는 특권이나 마찬가지이다. 그러기에 용기를 가지고 도전하여야 한다. 리스크(Risk)의 라틴어 어원의 뜻은 위험이 아니고 '불확실성'이라고 한다. 우리는 실패를 통하여 배우되 과거의 노예는 되지 말아야 한다. 남들보다 더 잘하려고만 하지 말고, 남들과 조그만 차이를 만들어 가라는 이야기가 있다. 젊은이에게 주어지는 꿈 한 송이는 그가 그 꿈을 어떻게 키워가느냐에 따라 인생이 희망과 행복의 꽃밭이 될 수 있다.

보이는 성공보다 스스로 자신의 그릇을 키우는 노력이 더 중요하다. 희망에 젖고 노력과 친해지면 미래가 밝아진다고 한다. 우리는 희망의 미래를 긍정의 마인드로 열어가야만 한다. 현명한 자는 앞선 자들을 인정하고 노력하지만, 그렇지 못한 사람은 앞선 자들을 시기하고 질투한다. 사람은 실패를 통해 교훈과 배움을 얻어야 한다.

영원한 젊은 가수라 불리는 조용필 님이 말하길 "무언가에 도전을 하고 목적한 바는 없다. 그저 좋아서 하다 보니 기록이 되었고, 그것이 삶이고 그것이 인생이 되었다"라고 말한다. 진정으로 최선을 다한다는 것은 나의 노력이 나를 감동케 하는 것이고, 그때 "진정으로 최선을 다했다"라고 우리는 말할 수 있다.
현대 세상에서 성공하기 위해 필요한 기본 3요소는 외모와 능력, 태도. 즉 꼬라지, 싹수, 싸가지가 있어야 한다고 말한다. 특히 젊은이에게 미래는 무한한 가능성의 미래라는 특권을 가진 사람들이다. 맑은 밤하늘에서 반짝반짝 빛나는 별과 같은 멋진 삶을 만들어 갈 수 있는 가장 큰 가능성을 가진 사람, 이는 곧 젊은이를 이르는 말이다. 인생이라는 도전 앞에서 스스로를 가장 빛나게 할 수 있는 사람이 바로 그대들이기 때문이다. 무엇인가 꿈을 꾸고 움직여야 한다. 항구에 닻을 내리고 있는 배는 안전하다고 하지만 그것이 배의 존재 이유는 아니다.

무엇인가 목표를 향해 앞으로 나아갈 수 있는 젊은이 그대(예송)야 말로 가장 빛나는 별이다.

6. 사랑은 핑크빛

"우리의 성모"라는 뜻을 지닌 성당으로 알려진 파리의 노트르담 대성당이 2019년 4월 화재로 문을 닫은지 5년 만인 지난 2024년 말 재개관하였다. 이 성당을 복원하는데 약 7억유로(한화 1조300억원)가 소요되었다고 한다. 노트르담 대성당(Cathédrale Notre-Dame de Paris)은 파리 시테섬 동쪽에 있는 프랑스 후기 고딕양식의 성당이다. 이 대성당은 지금도 로마 가톨릭교회의 건물로서 파리 대주교성당으로 사용되고 있다. 노트르담 대성당은 흔히 프랑스 고딕 건축의 정수로 이야기되며, "노트르담"은 "우리의 귀부인"이라는 뜻의 프랑스어다.

그러나 이 대성당이 화재로부터 복원되면서 더욱 주목을 받는 이유는 걸작 "나폴레옹 대관식" 때문이라고 한다. 이 그림은 궁정화가 다비드가 노트르담에서 열렸던 나폴레옹 보나파르트의 황제 대관식을 생생하게 재현한 대작이다. 다비드는 이 역사적인 순간을 영원히 남기기 위해 이 작품을 제작하였고, 작품 속에서 나폴레옹은 황제의 관을 들고 자신을 대관하는 모습으로 묘사되었다. 지금 같으면 국가적인 큰 행사시에는 많은 카메라맨들에 의해 사진과 영상으로 그 자료들을 생생하게 남기기 마련이지만 그때만 해도 상황이 많이 달랐다. 그런데 궁정화가 다비드는 그림을 하나 더 그려서 베르사이유 궁전에 걸어두었는데, 숨은그림 찾기처럼 딱 한 군데만 달랐다고 한다. 즉 하얀 드레스를 입고 대관식을 지켜보는 이 나폴레옹의 누이들 중에 그가 연모하던 막내 "폴린 보르제게" 그림이 유독 분홍색으로 진하게 칠해져 있는데 이는 다비드가 남몰래 흠모한 그녀를 아름답게 그리기 위해서였다고 한다. "사랑은 핑크빛" 이라는 말이 여기서 나왔다.

사랑에 관한 이야기는 너무나 많다. 누구는 사랑의 상대성 이론을 뜨거운 무쇠솥에 순간적으로 손이 닿아서 느껴지는 뜨거움의 시간은 상당히 길게 느껴지지만 길고도 달콤한 키스의 시간은 상대적으로 무척 짧게 느껴지는 이치와 다름이 아니다 라고 재미있게 표현했다.

그리고 도시락은 뜨거울 때도 맛이 있어야 하지만 식었을 때도 마찬가지로 맛이 있어야 하는데 사랑도 또한 마찬가지다 라고 생각한다. 어느 철학자는 "인생은 사랑하는 이를 위해서 무엇인가를 해주는 것" 이라고 말했으며 사랑은 멋지고 좋은 사람과 하는 것이 아니고 나를 멋지게 만드는 사람, 즉, 나를 좋게 만드는 사람과 하는 것이라는 근사한 말도 있다.

프로이트는 인간답게 살아가는 데 필요한 것은 사랑하는 사람과 함께 하는 일이라고 말했다. 사랑은 습관처럼 쌓인 배려이고, 이해의 다른 이름이다. 진정 사랑한다면 눈물을 닦아주기보다는 같이 울어주는 사람이 되어야 한다. 사랑은 마음의 신경전달 물질이다. 사랑은, 잘나고 강하고 멋진 사람을 어떻게 나의 사람으로 만들까 하는 연애기술이 아니라, 내가 얼마나 저 사람의 약한 점을 있는 그대로 품을 수 있을까? 하는 감정이 절로 생길 때 사랑은 시작되고 이런 사랑이 참사랑이 아닐까 한다.

사랑에 관한 이야기는 너무나 많다. 솔베이지의 노래, 노르웨이 입센의 솔베이지의 노래가 우리나라에도 많이 알려져 있다. 남편 페르킨트는 젊은 부인 솔베이지를 두고 황금을 찾아 먼곳으로 떠난 후 돌아오지 않는다. 그러자 솔베이지가 그리운 남편을 기다리면서 부른 노래가 "솔베이지의 노래"이다. 이러한 순애보는 한국에도 있다. 즉 한국판 솔베이지를 생각나게 하는 전주 성심여고 옆에 있는 "교동 할머니집" 이야기이다.

언젠가 내가 아드린느를 위한 발라드를 좋아한다고 하자 한 지인이 너무나 아름다운 이 곡이 만들어진 배경을 이야기 해주었는 데 그 이야기는 다음과 같다.

한 남자에게 너무나도 사랑했던 여인이 있었다. 그런데 그는 불행하게도 전쟁터에 나아가서 팔 하나를 잃고 다리까지 불편해지는 큰 부상을 입고 말았다. 그러한 모습으로 사랑하는 여인에게 돌아가기 어렵다고 생각한 그는 그녀의 곁을 떠나기로 마음을 먹었고 그것이 그녀를 위한 사랑이고 최선이라고 생각했다. 시간이 한참 흘러 그는 그녀의 결혼식 소식을 듣게 되었다. 먼 발치에서라도 그녀의 결혼식을 보기위해 간 그는 그만 주저앉고 말았다. 그녀와 결혼을 하는 남자는 팔은 물론 다리가 없어 휠체어에 의존하는 사람이었다. 그 순간 그는 그가 사랑했던 여인을 얼마나 아프게 하였는지 그리고 그녀가 그를 얼마나 사랑했었는지를 깨닫게 되었다. 이 감격의 결혼식을 뒤로 한채 집으로 돌아온 그는 사랑했던 여인을 위하여 눈물 속에 작곡한 곡이 "아드린느를 위한 발라드"라고 한다. 음악이 탄생 배경은 포털에 확인하면 금방 나올 내용이지만 그 사실을 그대로만 믿기로 했다. 그게 사실이든 아니든 너무나 아름다운 사연을 내 머릿속에 그대로 간직하고 싶어서…

내가 좋아하는 사람이 나를 좋아하는 것은 기적이라고 한다. 그래서 사랑은 마주보는 것이 아니라, 함께 같은 방향을 바라보는 것이라고 하는지도 모르겠다.

사랑은 소유하는 것이 아니고 함께 나누어서 둘을 하나로 만드는 것이기 때문에…

'소울메이트'란 말이 있다. 서로 소유하려 하지 말고, 이기려 하지도 말고, 서로 우월감과 열등감이 없고, 서로를 잘 이해하고, 자유를 방해하지 않은 마음의 친구를 말한다. 마음이 가는 대로 가슴이 시키는 대로 사랑을 하라고 한다. 사랑을 받는 건 그것이 행복이 아니다. 사랑하는 것 그것이야말로 진정한 행복이라고 한다. 사랑으로 행복해진 순간을 후회하지 않게 꼭 잡아두어라!

우리는 나이가 들면 결혼을 한다. 철학자 미셀 몽테뉴는 "결혼은 새장의 새와 같다"고 말했다. 즉, 새장밖의 새들은 그안으로 들어가려 애를 쓰지만 일단 안에 들어간 이후에는 밖으로 다시 나가려고 발버둥친다. 결혼 이후 남녀는 어떤 모습이어야 할까? 남자는 살기 좋은 집처럼 포근하고 여자는 몸에 맞는 옷처럼 편안해야 한다는 말이 생각이 난다. 사람에게는 일생동안 쓸 수 있는 사랑의 양이 정해져 있다는

데 서로 사랑하며 일생을 같이할 수 있다는 것도 큰 행운이 아닐까 생각한다.

손으로 마시는 건 술이요, 마음으로 마시는 건 사랑이라는데 젊은 시절 예이츠의 시를 흉내내며 마시던 술이 생각난다. 아무에게나 줄 수 있는 것은 술이지만, 한 사람에게 줄 수 있는 것은 진정한 사랑이 아닐까? 진정한 사랑이 그리워지는 이 시대에…

7. 사랑은 한 줄기 바람인 것을

인생은 사랑하는 이를 위하여 무엇인가 해주는 것이고, 옷깃만 스쳐도 인연이라고 한다. 현세에서 인연을 맺으려면 전생에 500겁의 만남이 있어야 한다고 한다. 겁은 천 년에 한 방울씩 떨어지는 물방울이 바위를 뚫는 세월, 혹은 선녀의 옷이 바위를 스쳐 그 바위가 다 닳아 없어지는 세월을 말한다. 처음 만남은 하늘이 만들어 준 만남 즉 인연이고, 그다음부터는 인간이 만들어가는 관계라고 한다. 고로 만남에 대한 책임은 인간에게 있다. 따라서 좋은 관계는 서로 노력하고 애쓸 때 좋은 인연으로 만들어 갈 수 있다.

사람은 서로 아는 만큼 가까워지고, 세월이 갈수록 인연의 소중함이 더욱 커진다. 누군가를 진정으로 좋아한다면 기대 없이 좋아해라! 우리가 바다를 사랑하고 산을 좋아하듯이 이 세상에서 가장 어려운 일은 사람이 사람의 마음을 얻는 것이기 때문이다. 좋은 인연이란 시작이 좋은 인연이 아니다. 끝이 좋은 인연이 정말로 좋은 인연이다. 만나면 오래 기억하고 싶은 만남이 있는 반면에 쉽게 잊어버리고 싶은 만남이 있다지만, 의미 없는 만남과 소홀히 할 인연이란 없다.

내가 좋아하는 사람, 내가 관계를 맺고 싶어 하는 사람, 내가 배울 바가 있는 사람에게 전화하고 만남을 약속하는 일은 쉬워도, 누가 나를 필요로 하는지, 누가 나와 관계를 맺고 싶어 하는지, 누가 나와 식사를 하고 싶어 하는지를 헤아리는 일은 참으로 어려운 일이다.

'라피크(Rafik)'를 아시나요? 라피크는 먼 길을 함께한다는 의미의 아랍어로 '동반자'를 뜻한다. 영국의 한 신문사에서 "런던에서 맨체스터까지 가장 빨리 가는 방법은 무엇일까?"라고 퀴즈를 냈는데 수많은 응모자 중에 1등은 "좋은 친구와 함께하는 것"이었다고 한다. 사람의 인생은 생각보다 길며, 가족은 물론 친구, 동료와 같은 동반자가 필요하다. 따라서 사람은 누구나 좋은 동반자가 필요하다. 그 비책은 나 스스로 먼저 좋은 동반자가 되어주려고 노력하는 것이 아닐까? 아프리카 속담에도 '빨리 가려면 혼자 가고, 멀리 가려면 같이 가라'는 이야기가 있다. 혼자 가는 기러기는 8천 km를 갈 수 있지만 무리 지어서 함께 가는 기러기는 4만 km를 날아갈 수 있다고 하지 않는가?

노자가 말하는 좋은 인간관계 법칙이란 "맡겼으면 믿어라. 그리고 물이 맑으면 고기가 없다. 은혜는 베푸는 것이며, 내가 하고 싶지 않은 일을 남에게 시키지 말라"이다. 좋아하는 사람 앞에서는 자존심을 세우는 것이 아니다. 생각나면 연락을 기다리지 말고 먼저 연락을 하라. 어쩌면 내 연락을 기다리고 있는지도 모른다.

인간관계에도 시차가 있다. 내 마음이 갔다고 해서 상대방의 마음이 바로 오는 것은 아니다. 상대가 원하는 것을 이해해 주고 따뜻한 눈으로 바라봐 주자. 사랑을 나누어 주고 함께하는 삶, 이것이야말로 우리의 삶과 마음을 살찌우고 행복하게 해주는 것이 아닐까 한다. 그래서 사랑의 반대말은 증오나 분노가 아니라 '무관심'이라고 하는지도 모른다. 돈과 사랑 그리고 시간은 빌려주는 것이 아니라 그냥 주는 것이라고 한다. 순수하게 그리고 열정적으로 사랑을 할 수 있는 것이 젊은 이는 물론 모두의 특권이요, 놓치면 세월이 흐른 뒤에 아쉬움은 더욱 커질 수 있다. 사랑은 가도 과거는 미련과 함께 고스란히 남을 수 있기 때문이다.

사랑보다 깊은 것이 정이라고 한다. 사랑은 시간이 갈수록 줄어들지만 정은 시간이 지날수록 늘어난다고나 할까? 그리고 사랑은 좋은 걸 함께할 때 쌓이지만 정은 어려움을 함께할 때 더 쌓이기 마련이다. 그러기에 사랑의 생채기는 곧 아물지만 정이 깊이 꽂히면 베어낼 수 없어서 더 아프다고……. 그래서 정이 깊어지면 마음대로 뗄 수 없어 더 무섭다고 하는 것인지도 모른다.

법륜 스님은 말했다.
"꽃을 보고 좋아하면 꽃이 기분이 좋습니까? 내가 기분이 좋습니까? 물론, 내가 기분이 좋습니다. 그래서 상대를 좋아하면 내가 좋은 것입니다."
사랑학 개론의 서론 같은 이야기이다. 그러기에 우리가 이 세상에 나서 누군가를 좋아하고 사랑할 수 있는 건 큰 축복이자 행복이 아닐까?

노래에는 저마다 사연이 있다. 때로는 슬픈 사연이 담긴 노래 가사는 우리의 가슴을 찡하게 한다. 유심초의 '사랑이여'라는 노래가 그렇다. 다리가 성치 못해서 몸이 불편한 학생이 있었다. 매일 등굣길 시내버스 안에서 만나는 안내양이 불편한 그를 친절하게 부축해 주고 자리도 잡아줬다. 장애를 가졌던 청년과 시내버스 안내양은 낯이 익으면서 차츰 사랑이 싹텄고 서로 사랑의 감정을 키워갔다. 청년은 장애가 있었지만 상당한 부잣집의 외동아들이었다. 이를 안 부모가 버스 회사로 찾아와 안내양에게 돌이킬 수 없는 모욕을 주었다.

"어디 가난하고 못 배운 촌년이 남의 집 아들을 넘보느냐고."

이후 안내양은 종적을 감췄고 외로움을 견디지 못한 청년은 그녀를 수소문하여 시골집으로 달려갔지만 그녀는 이미 스스로 생을 마감한 뒤였다. 그리고 부모를 여의고 난 뒤 고향에서 상경하여 버스 차장이 되었다는 가슴 아픈 사연도 알게 되었다. 뒷산 중턱에 그녀의 무덤이 있었고 청년은 무덤가에 엎드려 '자신 때문에 죽었다'며 통곡하고 절규하다 그녀 뒤를 따랐다고 한다. 죽기 전 그가 쓴 유시(遺詩)가 점퍼 주머니에서 나왔고, 문학도였던 청년이 남긴 유시에 곡을 붙여 만든 노래가 바로 80년대 큰 사랑을 받았던 '사랑이여'라는 곡이다.

별처럼 아름다운 사랑이여 꿈처럼 행복했던 사랑이여
머물고 간 바람처럼 기약 없이 멀어져 간 내 사랑아
한 송이 꽃으로 피어나라 지지 않는 사랑의 꽃으로
다시 한번 내 가슴에 돌아오라 사랑이여 내 사랑아
아~ 사랑은 타 버린 불꽃 아~ 사랑은 한 줄기 바람인 것을
아~ 까맣게 잊으려 해도 왜 나는 너를 잊지 못하나 오 내 사랑
오 내 사랑 영원토록 못 잊어~ 못 잊어~

행복한 웃음은 위로 올라가 증발되는 성질을 가졌지만 가슴 안의 슬픔은 아래로 가라앉아 앙금으로 남고 그것은 지울 수 없는 상처가 된다. 인생을 살면서 고마움을 많이 느낄수록 더욱 행복해지고, 인생에

서 감사의 분량이 행복의 분량이다. 버스 안에서 따뜻하고 고마운 마음이 인연으로 이어져 시작된 아름다운 사랑이 행복이라는 결과로 이어지지 못하고 영원토록 못 잊는 가슴 아픈 사랑으로 남았다는 사실이 오늘 아침 나의 마음을 아리게만 한다.

8. 행운은 누구의 편인가

행운은 기회가 준비를 만나는 것이라고 한다. 행운은 하늘에서 무언가가 행운이란 이름으로 갑자기 뚝 떨어지는 것이 아니다. 같은 노력을 하여도 남들보다 좀 더 쉽고 빠르게 목적에 도달하는 것이다. 즉 울퉁불퉁한 자갈길 대신 잘 닦인 고속도로 위를 달리는 것과 같은 것이다. 행운은 어찌 보면 우리 노력에 곱셈의 결과로 돌아오는 것이다.

기회는 자기를 먼저 사용하는 사람에게 충성을 다한다고 한다. 기회의 신 '카이로스(Kairos)'에 대한 이야기를 들어보았는가? 이탈리아 북부 지방 토리노 박물관에는 아주 특이한 조각상이 있다고 한다. 벌거벗은 남성의 모습을 한 조각상인데 앞머리는 머리숱이 풍성한 대신 뒷머리는 대머리이며, 어깨와 양 발뒤꿈치에는 날개가 달려 있고 그의 양손에는 저울과 칼을 들고 있다고 한다. 이는 기회의 신 '카이로스'의 조각상인데 이를 소개한 글을 보면 그 의미를 다시 생각하게 한다.

"내가 벌거벗은 이유는 쉽게 눈에 띄기 위함이고, 나의 앞머리가 무성한 이유는 사람들이 나를 보았을 때 쉽게 붙잡을 수 있게 하기 위함이며, 뒷머리가 대머리인 이유는 내가 지나가고 나면 다시는 나를 붙잡지 못하도록 하기 위함이며, 발에 날개가 달린 이유는 최대한 빨리 사라지기 위해서이다. 저울을 들고 있는 이유는 기회가 앞에 있을 때 저울을 꺼내서 정확히 판단하라는 의미이며, 날카로운 칼을 들고 있는 의미는 칼같이 결단하라는 이유이다. 나의 이름은 '기회'이다."

기회는 어쩌면 어느 날 자연스럽게 찾아오는 것이 아니다. 당신에게 소리 없이 다가온 기회를 자신의 힘으로 슬기롭게 내 것으로 만들어야 한다.

즉, 기회의 신 '카이로스'의 시간은 누구에게나 공평하게 주어지지 않고 늘 준비하고 잘 대응하는 사람에게만 찾아오는 기회의 순간인데, 이 기회를 잘 활용하는 것은 단지 운에 달려 있는 것이 아니라 우리의 능동적인 노력과 어떤 상황을 인식하고 대처할 수 있는 지혜와 능력에 달려 있다. 이 카이로스의 순간을 통해 우리는 인생의 방향을 바꿀 기회를 얻기도 한다.

아라비아인 격언에 "한 번 떠나면 돌아오지 않는 것이 '저버린 기회'"라는 말이 있으며, 미국의 유명한 저널리스트인 J. 해리스(Sydney J. Harris)는 "승자는 시간을 관리하며 살고, 패자는 시간에 끌려 산다"고 했다. 옛 선인들의 지혜를 현대를 살아가는 우리가 어떻게 활용하느냐에 따라 우리의 삶의 질과 행복이 달라지지 않을까?

좋은 운은 아무 때나 오는 것이 아니다. 즉, 운은 한정된 자원과 같은 것이다. 기회는 누구에게나 다가온다. 그러나 기회는 준비된 자에게만 기회의 주인공이 될 수 있도록 허락을 해준다. 삶에서 기회가 다가

왔을 때가 중요하고 이때 도전을 해야 한다. 기회가 다가왔을 때 도전하는 인생을 살아가는 것이 그 무엇보다 중요하다.

운의 사촌이라 할 수 있는 복이란 무엇일까? 갑자기 큰 행운이 굴러서 들어오는 것이 아니라 곤란함과 마음에 근심이 없는 삶이 꾸준히 이어지는 것을 말한다.

'오타니의 상상이 현실이 되다.'

어느 신문 기사에서 본 이야기이다. 미국 메이저리그 최고의 월드 스타 오타니(LA 다저스)는 고등학생 시절 인생의 목표를 단계별로 세웠다고 한다. 18세 미 프로야구 메이저리그(MLB) 진출, 26세 월드시리즈 우승과 결혼, 27세 WBC(월드 베이스볼 클래식) 우승과 MVP 수상. 2024년 오타니는 생애 최고의 한 해를 보냈다. 월드시리즈 우승을 위해 봄담았던 LA 에인절스를 떠나 다저스로 이적을 했다. 그 과정에서 전무후무한 계약(10년 7억 달러) 기록을 세웠다. 오타니는 고교 시절 야구 선수로서 평생의 가이드라인이 될 '인생 계획표'를 작성했다고 한다. 18세에 미국 리그에 진출한 뒤 42세로 은퇴할 때까지 매년 굵직한 목표를 한두 개씩 세워놓았다고 한다. 고교 졸업 후 바로 미국에 가지 않고 일본 리그에서 5년간 뛰는 바람에 계획표와는 다소 차이가 생겼지만 지금까지 놀랄만한 '싱크로율'을 보이고 있다. 계획상으로는 27세 목표가 29세에 WBC 우승과 MVP라는 목표를 달성하였고, 2024년 30세에 그는 월드시리즈에서도 우승을 맛보았다. 26세 때의 목표가 MLB 진출이 늦어지면서 미루어진 것뿐이다.

그가 인생 계획의 목표를 이루어가는 과정은 '만다라트 자기 계발법'이었다. 그는 고교 시절 일본 8구단 드래프트에서 1순위가 되겠다는 야심 찬 목표 아래 8개 중점 목표, 64개 실천 과제에 따라 자신을 갈고 닦아 왔다고 한다. 그의 목표는 '인간성'과 '운'에 대한 이야기로 구성되어 있는데 인간성에는 감사, 배려, 예의 등이 실천 과제로 들어가 있고 운에는 쓰레기 줍기, 물건 소중히 쓰기, 심판에게 공손히 대하기 등의 리스트가 있었고 이것을 하나의 복으로 여겼다고 한다. 진정한 노력은 자신을 배반하지 않는다는 말이 있듯이 오늘날 오타니는 이러한 장기 플랜에 의해서 만들어진 긍정과 노력과 그 성과물의 주인공이 된 것이다.

골프 선수로 꾸준한 성적을 냈던 신지애도 "골프는 인생을 함께하는 친구이며 넘어야 하는 산이다"라고 말했다. 행운은 과연 누구의 편인가? 노력과 정성에 기다림이란 시간의 단어가 더해지면 얻을 수 있는 인생 단어가 아닌가 생각한다.

한국에는 홍수환 선수의 4전 5기 이야기가 있다면, 일본에는 유니클로 야나이 다다시 회장의 이야기가 있다. '실패'를 인식하는 방식이 다른 경영자들과 많이 달랐기 때문이다. 야나이 다다시 회장의 저서인 《1승 9패》에서 그는 실패를 자랑거리로 여기고 있다.
"실패하더라도 회사가 망하지 않으면 됩니다. 실패할 거면 빨리 실패를 경험하는 편이 낫습니다. 비즈니스는 이론대로, 계획대로 되는 것이 아닙니다. 빨리 실패하고, 빨리 깨닫고, 빨리 수습하는 것이 제 성공 비결입니다. 난 1승을 하기 위해 9번을 실패한 것이죠."
야나이 다다시 회장의 말이 인상적이다. 아마도, 갈 길을 찾아서 헤매던 행운이란 놈이 감동하여 그의 곁에 와준 것이 아닌가 생각한다.

9. 인생은 세상에 적응하는 것

인생은 세상에 적응해 가는 과정이다. 그러나 세상에 적응하지 못한다면 우리는 어떻게 될까? 인간이 멸종시켰다고 하는 도도새, 도도는 인도양의 외딴섬 모리셔스에서만 서식하였다고 한다. 도도새가 날지 못하는 이유는 서식지에 천적이 없었기 때문이었고, 도망갈 필요도 없으니 날개가 필요 없었기 때문이다.

울창한 숲에서 천적이 없이 살던 도도새는 1500년대 초 포르투갈인들이 섬에 들어오면서 위험에 처하게 된다. 사람에 대한 경계심이 없던 도도는 사람들의 사냥에 의해 식량이 되고 함께 상륙한 다른 동물들에 의해 희생이 되면서 개체 수가 급속하게 줄어들기 시작했고, 불과 한 세기 만에 지구상에서 영원히 사라졌다고 한다. "쓸모없는 생물"이라는 별칭을 가지고 있는 도도. 《이상한 나라의 앨리스》라는 책을 통해서도 유명해졌지만, 지금은 지구상에 그 누구도 도도새를 볼 수 없게 되었다. 우리 사람은 어떨까? 사람도 또한 마찬가지다. 경쟁과 위기가 없다면 인간도 결국 도태하게 된다.

아름드리 큰 나무는 센 바람에 더 잘 넘어진다고 한다. 그러나 마디가 있는 대나무는 아무리 센 바람에도 잘 넘어지지 않는다. 대나무는 아무리 바빠도 삶의 마디를 만든 후에 성장을 하기 때문이다. 가을이면 나무는 단풍이 들고 낙엽을 떨구는데 이는 새로운 내년을 준비해 가는 일 년의 생존 전략이자 신성한 삶의 과정이며 위대한 자연의 섭리이다.

바다의 최강 포식자 상어, 상어가 멈출 수 없는 이유가 있다. 바다에서 살아가는 수많은 물고기 가운데 유독 상어에만 부레가 없다. 부레가 없으면 물고기는 가라앉기 때문에 잠시라도 멈추면 죽게 된다. 그래서 상어는 태어나면서부터 쉬지 않고 움직여야 했으며 그 결과 바다에서 가장 힘이 세고도 강한 물고기가 되었다고 한다. 영화 《짝패》에서 "강한 자가 오래가는 것이 아니고, 오래가는 자가 강한 것이다"라는 대사가 떠오른다. 어릴 적 들은 이야기로 까치는 바람이 가장 세게 불 때 집을 짓는다고 한다. 이렇게 지은 집은 태풍이 와도 끄떡없기 때문이다. 이러한 자연의 섭리가 우리에게 전해 주는 메시지는 그 의미가 크다. 우리 삶은 다른 사람들과의 경쟁이 아니고 나 자신과 벌이는 마라톤이다. 나 자신을 어떻게 이기면서 함께 가느냐가 삶의 의미를 결정하는 것이고, 누구처럼 되기 위한 삶 이상으로 중요한 것이 나 자신을 알고 하나밖에 없는 오직 내가 되는 것이 아닐까 한다.

뚱뚱한 호박벌은 공기역학적으로 몸무게와 비교할 때 날개가 작아서 날 수 없지만 자신이 가진 한계를 모르기 때문에 잘 날 수 있다고 한다. 즉, 벌은 자기 자신이 날 수 있는지 없는지는 관심이 없고 오로지 꿀을 모으겠다는 목표에 집중을 하기 때문에 날 수 있다고 한다. 벌 중에 가장 일찍 일어나서 초당 190번의 날갯짓으로 하루에 200km 이상을 날아다니는 호박벌이, 생각이 현실을 바꿀 수 있다는 사실과 삶

은 세상에 적응하는 것이라는 평범한 진리를 우리에게 알려주고 있
다.

영화 이야기를 해보자. 현빈이 열연했던 《역린》이라는 영화에 이런
대사가 나온다.

"작은 일도 무시하지 않고 최선을 다해야 한다. 작은 일에도 최선을
다하면 정성스럽게 된다. 정성스럽게 되면 겉에 배어 나오고 겉으로
드러나면 이내 밝아지고, 밝아지면 남을 감동시키고 남을 감동시키면
이내 변하게 되고, 변하면 생육된다."

이는 "오직 세상에서 지극히 정성을 다하는 사람만이 나와 세상을 변
하게 할 수 있는 것이다." 온 정성을 다해 하나씩 배워간다면 세상은
바뀐다는 것이다. 이는 《중용》 제23장에 나오는 말이다. 중용의 가
르침은 오늘날에도 많은 시사점을 제공한다. 특히, 아무도 알아주지
않아도 최선을 다하다 보면 정성스럽게 될 것이고 성실함과 도리를
지키는 것은 개인의 성공과 사회적 조화를 이루는 데 중요한 요소로
작용하는 요즈음, 우리 모두가 다시금 새겨볼 만한 삶의 지혜가 담긴
철학이다.

합리적 낙관주의 '스톡데일 패러독스(Stockdale Paradox)'의 주인공
스톡데일은 베트남전 참전 장군으로 7년간의 포로 생활을 견뎌냈다
고 한다. 그가 말하길 "가장 먼저 죽는 자는 낙관론자이다." 근거 없는
낙관론자가 가장 먼저 죽고, 둘째는 비관론자이며, 셋째는 현실을 직
시하고 자기가 할 수 있는 일을 하는 자가 가장 오래 살아남는다고 했

다. 즉 현실감을 잃은 희망은 아편에 불과하다. 현실의 기반 위에 희망을 품어야 참된 희망이 된다. 삶이란 결국 현실에 적응해 가는 과정이기 때문이다.

"우리 인생은 B와 D, 즉 Birth와 Death 사이 C(Choice)이다"라고 한다. 즉 우리는 삶의 순간순간 선택을 하면서 살아가는 것이고 그것은 세상이라는 삶의 질서에 나 자신을 맞추어 가는 신성하고도 숙명적인 과정인 것이다.

셋. 삶은 그냥 잘 견디는 것

1. 인생은 투 트랙이다

우리 삶은 축복받는 생일이라는 의미의 '해피 버스데이(Happy Birthday)'라는 하나의 단어가 '해피'와 '버스데이'라는 두 개의 단어로 나누어져 해석되기 시작하면 우리의 진정한 삶이 펼쳐지고 시작되는 것이라고 한다. 천지 만물에는 하늘과 땅이 있고 자연에는 여름과 겨울이 있고 세상에는 참과 거짓이 있다. 그리고 우리 인생도 행과 불행, 즐거움과 슬픔이 항상 공존하는 삶이다.

우리의 인생은 '투 트랙(Two-Track)'이라고 생각한다. 성공과 실패가 그것이다. 그러나 성공한 인생도 인생이요, 실패한 인생 또한 소중한 인생이다. 인생의 성공도 인생의 실패도 진행형이라고 생각하기 때문이다. 우리의 삶도 농부의 쟁기에 의해 고랑이 이랑이 되고, 다시 이랑이 고랑이 되는 밭의 운명과 같은 것이다. 우리는 모두 성공한 인생을 꿈꾼다. 그러나 그 목표를 이루는 사람이 과연 얼마나 될까?

인생의 성공은 진행형이라는 말이 있다. 그러기에 우리의 인생은 성공한 삶보다도 성공하는 과정 중심의 삶이 더 소중하고 가치가 있는 삶이다. 우리는 인생이라는 여정에서 꿈과 성공을 이루기 위하여 애쓰고 노력하고 때로는 좌절을 맛본다. 그러는 과정에서 삶의 쓴맛과

단맛을 수없이 맛보면서 이겨내는 그 인생역정이 우리의 진정한 삶이다. 그러한 삶의 여정에서 우리 자신의 행복도 함께 커져 가는 것이 진정한 성공이기 때문이다. 결과보다도 성공과 꿈에 다가가기 위한 삶, 즉 성공적인 삶을 위한 애씀이 더 가치가 있고 우리의 인생을 더 가치 있게 만드는 것인지 모른다. 멋진 삶이라는 단어로 포장할 수 있는 성공적인 결과 중심의 삶보다도 그 과정에서 흘린 땀과 그 결과로 얻어진 소중한 삶의 가치야말로 성공을 더 빛나게 하는 것이다.

성공과 실패는 우리 삶에서 어떤 의미일까? 성공은 자기 자신이 이룬 성과에 대한 타인의 인정과 이에 대한 보상, 그리고 부수적으로 함께 얻어가는 부, 명예, 권력 등이라 할 수 있다. 반면 실패란 한마디로 상실이고 좌절이며 쓰라린 경험이라고 할 수 있다. 실패는 순간의 아픔이면서도 인생을 예측 불가능하게 만들고 미래의 불확실성을 키우기도 한다.

우리는 일반적으로 실패란 성공에 이르기 위해 가는 과정에서 반드시 겪어야 하는 당연한 일로 치부하기도 한다. 즉 실패란 성공에 이르는 과정에서 생기는 시행착오이자 수업료인 셈이다. 그러기에 성공을 꿈꾸는 우리는 먼저 실패를 자연스럽게 받아들이는 마음을 가져야 하고, 그것을 딛고 일어서는 용기와 의지를 가져야 한다.

인생에서 실패는 변수가 아니라 상수라고 말한다. '실패학'에서는 실패를 성공의 도약대로 여기고 반드시 거쳐야 하는 길로 간주한다. 그러기에 우리는 실패를 너무 두려워할 것이 아니라 성공의 일시적 유예이고 성공이라는 목적지로 가기 위한 연료로 생각하고 슬기롭게 이

거내야 한다. 성공을 위한 길을 가기 위해서는 실패를 통하여 꺾이지 않는 마음을 얻고 더 많은 것을 배우고 깨달아야 한다. 영국의 작가 빅토리아 홀트도 "삶을 절대 후회하지 마라. 그것이 좋았다면 멋진 것이고 나빴다면 경험인 것이다"라고 말했다.

'결'이라는 의미가 있다. 우리는 일상생활에서도 결이라는 단어를 자주 사용한다. 사전적 의미는 사물의 흐름이나 방향성을 이르는 개념이다. 천지 만물에도 결이 있다는 말이 있다. 그래서인지 동양에서는 삶의 이치를 밝히는 것은 결이 어느 방향으로 나 있는지를 밝히는 것과 같다고 생각했다. 나무쟁이 목수가 나무의 결을 읽어서 대패질을 하고 악기도 결을 타서 연주할 때 멋진 음의 하모니가 나오듯이 천지 만물에는 다 결이 있다고 한다.

그래서인지 유교 경전 중 최고의 경전이라고 하는 《주역》의 주요 내용 중 하나도 인간 세상의 결이 어떻게 나 있는지를 가르쳐 주는 삶의 철학을 담고 있다. 우리 인간에게 세상의 결을 타고 순리대로 살아갈 수 있는 삶의 철학을 알려주고 있는 것이고, 우리 인간사의 흐름을 이해하고 그러한 삶의 실마리를 찾아가는 데 필요한 지혜를 알려주는 단어이기 때문이다.

우리가 세상을 살면서 어떤 일을 할 때 성실히 노력해도 생각대로 성과가 나지 않는다면 자신이 혹시 행운과 불행이라는 두 가지 운명의 갈림길에서 순리라는 결을 거스르고 있지는 않은지 생각해 볼 일이다. 우리가 장작을 팰 때 결대로 치면 단숨에 쩍 갈라질 나무인데 엉뚱한 방향으로 힘을 쓰고 있는 것은 아닌지 생각해 보자. 즉 지금 내가 좀 어려운 삶의 순간을 지나고 있다면 나는 지금 내 삶의 결을 제대로 타면서 살고 있는지 다시 한번 돌아볼 일이다.

우리 삶은 어찌 보면 제로섬 게임이다. 행복할 때가 있는가 하면 슬픈 마음으로 가득한 때가 있고, 기쁜 사람이 있으면 슬픈 사람도 있기 마련이다. 고스톱 판에서도 주식시장에서도 돈을 따는 사람이 있어야 잃는 사람이 있는 것과 마찬가지다.

우리는 인생이라는 투 트랙 앞에서 어느 레인을 탈 것인지는 각자의 몫이라고 할 수 있다. 이러한 선택 앞에서 이왕이면 '행복'이란 레인을 타자. 그래야 내 인생이 더 즐겁고 후회도 적어질 테니까 말이다.

2. 스스로를 응원하라

"당신은 당신을 사랑하고 있나요?"
호주 작가 앤드류 매튜스가 말했다. 당신은 다만 당신이라는 이유만
으로 사랑과 존중을 받을 자격이 있다. 그리고 당신이 옳고 괜찮고 잘
될 것이라는 말을 긍정할 수 있는 마음으로 살 수 있어야 한다.

가수 노사연 님은 그의 노래 '바램'에서 이렇게 노래했다.
"내 손에 잡은 것이 많아서 손이 아픕니다.
등에 짊어진 삶의 무게가 온몸을 아프게 하고
매일 해결해야 하는 일 땜에 내 시간도 없이 살다가
평생 바쁘게 걸어왔으니 다리도 아픕니다.
내가 힘들고, 외로워질 때 내 얘길 조금만 들어 준다면
어느 날 갑자기 세월의 한복판에 덩그러니 혼자 있진 않겠죠.
큰 것도 아니고, 아주 작은 한마디 지친 나를 안아 주면서
사랑한다 정말 사랑한다는 그 말을 해 준다면
나는 사막을 걷는다 해도 꽃길이라 생각할 겁니다.
우린 늙어가는 것이 아니라 조금씩 익어가는 겁니다."
이 노래는 인생의 바람과 소망을 담은 노래이지만 우리 삶을 위로와
희망의 의미로 응원해 주는 노래라고 생각한다.

가수 이효리는 모교 졸업식 축사에서 "인생은 혼자다. 마음 가는 대로 가라"라고 하며, 다른 사람들의 말이 아닌 진정한 자신의 소리, 즉 마음의 소리에 귀 기울여라, 자신을 아끼고 사랑하고 더 좋은 길로 나갈 수 있는 따뜻한 자신의 소리를 들으라고 후배들에게 이야기했다고 한다. 이는 내가 내 삶의 주체, 즉 주인이 되어서 내가 중심이 되고 나를 위한 따뜻한 삶을 살라는 이야기이다.

마르쿠스 아우렐리우스는 로마 제국 수십 명의 황제 중에서 최고의 성군으로 꼽히지만 어찌 보면 그는 우리에게 《명상록》이라는 책의 저자로 더 많이 알려져 있다. 로마의 태평성대 시기에 젊은 시절을 보낸 그였지만 황제가 된 이후에는 여러 전쟁을 지휘하였고 창궐하는 질병으로 인해 많은 백성을 잃었다.

정치인이기에 앞서 철학자(哲學者)였던 그는 좋은 인간은 어떠해야 하는가를 논하기에 앞서서 먼저 좋은 인간이 되는 것이 중요하다는 가르침을 우리 인류에게 준 선지자였다. 그는 인간으로서 삶에 대하여 깊은 성찰을 하였으며 자신과 세상 사람들에 대하여 많은 애정과 삶을 응원하는 마음을 가졌던 것 같다.

여러분은 나 자신에게 안녕하냐고 인사를 해 본 적이 있는가?
우리는 지금까지 살면서 우리 자신을 채찍질만 하고 살고 있는 것은 아닌지 돌아볼 일이다. 내가 나 자신의 삶을 응원하고 격려해 주어야 하는데 그렇게 하고 있는지 물어볼 일이다. 나 자신에게 잘해주고 그래서 내가 행복해질 때 그 행복을 남에게도 나누어 줄 수 있는 것이기 때문이다. 행복해지려면 나 자신에게 우선 잘해주고 응원을 해주자.

유럽의 역사를 새로 쓴 천하의 나폴레옹. 이런 나폴레옹이 러시아와의 전쟁에서 패해 쫓기고 있었다. 후퇴하는 패장의 시선이 어찌 하늘로 향하겠는가. 땅만 바라보고 달아날 뿐. 이때 고개 숙인 나폴레옹의 눈에 띈 것은 네 잎 클로버. 발밑에 쫙 깔려 있는 세 잎 클로버 중에서 유난히 돋보이는 네 잎 클로버가 눈에 들어왔던 것이다. 화급을 다투는 와중에 나폴레옹은 네 잎 클로버를 뜯기 위해 상체를 숙였다. 바로 그때 머리 위로 총알이 지나갔다. 나폴레옹이 상체를 숙이지 않았더라면 총탄에 맞았을 것이다. 나폴레옹은 절체절명의 위기를 네 잎 클로버 때문에 넘길 수 있었다. 이후 네 잎 클로버는 '행운'의 상징이 되었다고 한다. 꽃말 역시 '행운'이다. 네 잎 클로버가 행운을 가져다준다고 믿기 때문이다.

그러나 정작 흔하디흔한 세 잎 클로버의 꽃말이 '행복'이라는 사실을 아는가!
생각해 보면 우리는 평범한 '행복'보다 특별한 '행운'을 찾아 헤맨 셈이다. 세 잎 클로버를 보면 행복이 멀리 있는 것이 아니고 가까이 있는데 얻기 힘든 행운만 바라고 네 잎 클로버를 찾느라고 시간을 허비하고 있지 않나 하는 생각이 든다. 살면서 행운보다 행복과 희망, 그리고 자신을 위한 격려가 더 중요한 삶의 가치가 아닌가?

우리의 인생을 응원해 주는 것은 누구인가? 사람은 나이 들수록 혼자가 되고 외로워진다. 그리고 누구도 내 인생을 잘 알아주지 않는다. 이 세상 누군가에게 나의 인생을 응원해 달라고 쉽게 말할 수 있는 세상도 아니다. 나의 삶은 온전한 나의 삶이고 내가 책임져야만 하는 삶이다. 나를 끝까지 믿어주고 응원해 주는 것도 순전히 나 자신뿐이라는 사실을 잊지 말자.

의식적으로 반복하는 행동들은 일상 속에서 우리의 삶 속에 있는 것이다. 삶을 살면서 자기 자신을 바라보는 시선을 바꾸는 것이 무엇보다 중요하다. 즉, 나는 괜찮은 사람이라고. 나의 시간과 열정과 에너지를 나를 위해 쓰고 있는가? 그리고 나를 응원해 주고 있는가 한 번쯤 생각을 해보자. 그리고 그것이 내 삶이어야만 한다.

은퇴를 의미하는 '리타이어(Retire)'가 제2의 인생에 비유되는 것처럼 일상이 바뀌는 그 이상으로 생각의 타이어도 바꿀 필요가 있다. 우리가 세상에 나온 것은 세상 사람들의 삶과 복지를 위해서라기보다 나 자신을 위해서, 나 자신에 대한 주인 노릇을 잘해보기 위해 이 땅에 왔다는 사실을 한시도 잊어서는 안 된다.

우리의 인생은 꽈배기처럼 꼬여 있기 십상이고 그것을 슬기롭게 잘 풀어가야 하는 것이 우리의 과제이다. 그래서 나 자신의 삶을 응원해 주는 것이 삶을 잘 풀어가는 그 시작이다. 우리가 살아가는 데 가장 가치 있는 세 가지는 사랑, 자신감 그리고 긍정적 사고가 아닐까? 나는 나 자신을 사랑하며 자존감을 지켜주지 못한 것에 대한 부끄러움이 큰지, 남들이 타고 다니는 좋은 차와 들고 다니는 명품 백이 없는 것에 대한 부끄러움이 큰지 냉철히 자신을 돌아보아야 한다.

3. 여기 그리고 지금

세상에서 가장 소중한 것은 지금, 소금, 황금이란 말이 있다. 그러나 이 중에서 가장 중요한 것은 '지금'이다. 가장 행복한 사람은 특별한 이유 없이도 삶의 순간들을 잘 즐길 줄 아는 사람이다. 우리는 행복하기 위해서 무엇을 준비할 것이 아니라, 오늘 당장 행복해야 한다. 오늘 행복하지 못한 사람은 내일도 행복할 수가 없기 때문이다. 우리가 가장 경계하여야 하는 말은 '다음'과 '내일'이다.

우리가 살면서 수없이 들어온 이야기가 톨스토이의 3가지 명제다.
이 세상에서 가장 중요한 최고의 순간은 바로 '지금'이며,
이 세상에서 가장 중요한 사람은 바로 지금 옆에 있는 '사람'이고,
이 세상에서 가장 중요하고 의미가 있는 일은 지금 옆에 있는 사람에게 선을 행하는 것이다.

'지금'은 지나가 버리고 그냥 흘려보내면 그 어떤 노력으로도 되찾을 수 없는 소중한 시간이다. 그런 귀한 시간이 지금도 쉬지 않고 흘러가고 있는 것이다. 지금 내가 서 있는 이 자리와 순간들이 후회로 남지 않도록 나 자신과 나의 일과 내 주위 사람들을 위해서 알차게 채워 가야 한다. 인생에서 가장 마음 아픈 순간은 "이럴 줄 알았더라면"이라

는 순간이란다. 그리고 진정한 삶의 의미는 밖에서 찾는 것이 아니라 내 안에서 만들어 가야 하는 것이다. '카르페 디엠(Carpe diem)'은 철학자 에피쿠로스의 말로 "삶을 즐겨라, 현재를 즐겨라"를 의미한다. 영화 《죽은 시인의 사회》에서 나온 대사로 선생님이 학생들에게 한 말인데, 현재를 소중히 여기고 자신만의 특별한 삶을 살아가라는 의미이다. 그러면 우리의 삶은 어떠한가?

인생은 소풍처럼 가볍게 살아야 한다. 걱정을 접어두고 발걸음 가볍게, 화창한 봄날 소풍 나서듯 가볍게 살아야 한다. 가끔 뒤도 돌아보면서 자기 몫만큼 삶을 감당하면서, 그리고 남에게 보이려 노력하지도 말자. 이 순간 진심으로 가볍게 살아라. 웃으면서 무겁지 않게, 복잡함들은 떨쳐내고 소풍 길 가는 기분으로 잘 놀다 가자. 천년만년 살 것도 아닌데 주어진 내 운명 원 없이 살아가라. 아울러, 삶에 대한 감사함을 느끼며 살자. 생각의 틀에서 벗어나라. 보이지 않는 생각의 저편에 더 많은 것들이 있기 때문이다.

행복해지려면 좀 더 멀리서 보아라. 일상과 순간순간의 경이로움은 당연한 것이 없다. 내 안의 사랑과 감사, 기쁨과 평화는 시공간을 지나는 것이다. 우리는 여행 중인 것이다. '나'라는 중심에서 벗어날 필요가 있다. 생각에 나를 묶어놓고 있는 것은 아닌지 돌아보자. '나'라는 틀에서 벗어나 더 크게 보아야 한다. 내 관점 중심의 생각은 편견이 될 수 있다. 이 세상에서 가장 무서운 것이 고정관념이라고 한다. 다 마음먹기 나름이 아닌가? 다 내려놓고 타인의 생각을 수용하는 넓은 마음으로 많은 것을 포용하자. 집착하지 말고 가볍게 살아가자. 익숙한 것들에서 이별하는 노력이 필요하다. 인생은 소풍, 지금 나를 찾아서 떠나자! 가볍게 유유자적하면서 살자! 마음 가는 대로 편하게 살아가자! 매 순간 진심으로만 살아가라. 인생은 잘 놀다 가는 것이란 생각을 가지고……

인생은 내 것이기 때문이다. 우리는 내 삶을 남에게 보여주기 위해 사는 것이 아니고 오롯이 나 자신을 위해서 사는 것이다. 행복한 인생을 사는 비결은 사람, 장소, 시간 모두 현재를 최우선으로 사는 것이다. 그리고 마음이 시키는 일을 지금처럼 바로 해라. 당신이 누군가가 보고 싶고 외로운 감정은 곁에 사람들이 없어서가 아니고 당신이 함께 있기를 원하는 사람이 곁에 없기 때문이다. 행복은 언제나 현재에 있다. 현재 행복을 하나씩 나의 것으로 만들어야 행복한 인생을 살 수 있다. 따라서 지금 당장 눈앞에 있는 소소한 행복들을 우리 삶의 가장 중요한 가치가 되도록 만들어라. 오늘의 삶이 만족스러우면 그것이 바로 행복한 인생이 될 수 있는 비결이다.

지금 이 순간이 구슬처럼 꿰어지면 시간이 된다. "시간은 돈이다", "시간이나 돈을 낭비하지 말고 두 가지 모두를 최대한 활용하십시오"라는 말은 미국 독립의 영웅인 벤저민 프랭클린이 남긴 말이다. 그는 미국 건국의 아버지(Founding Fathers of the United States) 중 한 명으로, 어려운 환경에서 스스로 공부하였으며 작가, 과학자, 철학자, 정치가로서 상당한 공헌을 하였다. 미국의 고액권인 100달러짜리 지폐에서 그의 얼굴을 볼 수 있을 정도로 미국에서 가장 유명한 사람 중 한 명이다. 프랭클린은 인간에 대한 예리한 관찰과 함께 재치와 유머로 많은 명언을 남겼는데 "돈은 금과 같은 것이고 시간을 금같이 하라"는 말도 남겼다.

나는 나 자신에게 물어본다. 내가 가진 시간의 가치는 얼마이며 얼마나 소중하게 잘 활용하고 있는지? 그리고 그 시간 중 가장 소중한 시간 가치는 언제 가장 빛나는지? 그리고 나는 그 시간의 가치를 높이기 위해서 얼마나 노력을 하고 있는지?

우리는 금을 소중한 것이라고 가치를 부여하면서 금 같은 시간에 대해서도 그렇게 의미를 부여하고 있는지?

오늘을 잘 사는 것은 자기가 가지고 있지 못한 것을 아쉬워하고 불평하기보다는 지금 내 앞의 삶을 충분히 즐기는 것. 그것이 나의 삶이 행복해지고 풍요로워지는 길이다. 어린이들은 빨리 어른이 되었으면 하고, 고등학생들은 하루빨리 대학생이 되었으면 하고, 한창 바쁘게 일하는 사람은 하루빨리 정년퇴직을 해서 한가롭게 살면 얼마나 좋을까 생각한다. 사람은 항상 한 발짝 앞을 갈망한다. 지금을 그리고 오늘을 즐기지 못하고 내일만 생각하며 사는 것이다. 나이가 든 사람들은 내가 왕년에는 어땠는데 하면서 그리 화려하지도 않았던 과거 삶을 소환한다. 지금 순간이 가장 행복하고 즐거워야 하는 시간인데 그 사실도 잊은 채로 말이다.

지금의 나는 내가 그렇게 기다리던 미래의 나의 모습이고, 미래 언젠가는 아름답게 회상할 빛나던 과거 나의 모습이다. 지금을 즐겨야 한다. 오늘이 빛나는 봄날이라면 맘껏 봄을 즐겨야 한다. 오늘은 내가 가진 가장 소중한 가치이자 시간이기 때문이다. 지금 내 앞에 있는 것을 고마워하자. 그리고 그것을 충분히 누리고 즐기자. 오늘의 행복이 없으면 내일의 행복도 기약되지 않는다.

4. 지금까지 잘 살아 왔다

인생의 목적은 사랑받는 사람이 되는 것이 아니라 자기 자신이 되는 것이다. 자신의 타고난 성정대로 사는 것이 본인의 임무이다. 당신이 인간관계로 고민하고 있다면 남들이 나를 어떻게 바라볼지 하는 생각에서 벗어나는 것이 우선이다. 스스로 자신을 사랑하고 자존감을 높여야 한다. 인간관계에서 자유로워지는 방법은 다른 사람의 감정을 심각하게 생각하지 않는 것이다. 스스로를 사랑하고 귀하게 여기며 존중할 줄 아는 사람은 높은 자존감과 함께 인생의 목표를 이룰 가능성이 높다. 다른 사람이 당신에 대하여 이야기하는 말에 귀 기울이지 말고 더 뻔뻔하고 대담하게 행동하라. 남의 눈치 보지 말고 원하는 것이 있다면 솔직하게 말하라. 내가 나를 존중하고 인정하는 만큼 다른 사람들도 나를 인정하고 존중해 준다.

"무소의 뿔처럼 혼자서 가라"는 공지영 님의 소설 제목으로 《숫타니파타》라는 불교 경전에서 온 말이다. 이 말은 내가 어디에서 누구와 무엇을 하든 결국 내 스스로 이겨내야 하는 우리의 삶을 이야기한 것이다. 우리의 삶도 무엇에 얽매이거나 집착하지 말고 자신의 의지와 생각대로 이끌고 짊어지고 가야 한다는 의미이다. 즉, 내 앞에는 나의 발자국이 없기 때문이다. 우리는 인생을 살면서 세상이나 누구의 도움이 없이도 나 스스로 행복하게 살 수 있다는 마음의 준비가 필요하다.

인생의 길을 올바로 가고 있는지 알아보는 방법은 3가지가 있다고 한다. 그것은 '먼저 네가 원하는 길인가?', '그리고 남들도 그게 너의 길이라고 하는가?', 마지막으로 확인해야 하는 것은 '운명도 그것이 당신의 길이라고 하는가?'이다.

어느 산악인은 만년 설산에 오르게 되면 내게 잠자고 있던, 아니면 잠시 잃어버리고 살았던 삶의 이상(理想)을 다시 일깨워 준다고 이야기했다. 산을 우리의 인생 목표에 비유한다면 어느 방향에서 바라보느냐에 따라 그 모습이 달라져 보인다고 말할 수 있다. 이는 어느 루트를 따라서 산에 오르느냐에 따라 그때그때 만나는 산의 모습은 분명 다를 것이고, 우리의 인생이라는 여정에서 마주하였던 나의 삶 또한 그때그때 그 얼굴이 다르기 때문이다.

시인 나태주 선생이 말하길 성공한 사람이란, 청소년 시절에 가지고 있던 꿈을 어른이 되도록 잃지 않고 간직하면서 그 꿈을 이루기 위해 평생을 노력하는 사람이고, 또 노인이 되었을 때 청소년 시절 자신이 꿈꾸던 자기 모습을 만나는 사람이라고 말했다. 자기의 꿈을 실현해 가는 과정이 인생이다. 즉 자기 자신의 길을 찾는 게 곧 인생이라는 이야기가 아닌가? 사람은 태어나면서부터 가야 하는 자기만의 길이 있다고 한다. 그 길을 잃어버리지 않고 찾아가는 것이 인생이고 여정의 끝에 자기의 꿈과 만나는 사람의 인생이 진정으로 성공한 인생이다.

근심과 걱정은 속성이 파도와 같아서 파도처럼 밀려왔다가 파도처럼 빠져나간다. 파도타기를 즐길 줄 아는 삶의 지혜가 필요하다. 괴로움, 고통 등은 삶에 있어서 비타민과 같은 것이다. 우리는 삶을 살면서 남들에게 행복하게 보이는 것이 중요한 것이 아니고, 나 자신이 정말로 행복한 것이 더 중요하다. 우리는 살면서 나 자신이 가장 중요한데, 남을 너무 많이 의식하고 살고 있는 것이 아닌지 돌아볼 일이다. 나는 나의 인생을, 그것도 행복하기 위해서 살고 있는데 말이다.

우리가 일 중심의 삶을 살다 보면 마음의 에너지가 고갈이 되는 '번아웃'이 쉽게 찾아온다. 꽃의 향기는 바람을 거스르지 못하지만 사람의 향기는 바람의 방향에 관계없이 멀리까지 갈 수 있다 하지 않는가? 빛나는 자리에 가려 하기보다는 내가 하는 일과 자리를 빛나게 하라고 한다. 내 몸의 주인으로서 나 자신에게 잘해주고 내가 행복할 때 그 행복은 남에게도 나누어 줄 수 있기 때문이다.

어느 일간지에 "다른 사람과 함께 어울려 사는 것이 인생이다"라는 제목의 일본 할머니의 삶에 대한 이야기가 실렸다. 그 주인공은 94세에 체내 연령은 36세, 혈관 연령 20대를 유지하고 있는 일본의 사토 히데 할머니 이야기였다. 그녀는 매일 아침 6시에 일어나 체조를 하고, 낮에는 재봉틀로 인형을 만들고 옷을 리폼하여 지인과 나눈다고 한다. 매일 고기와 생선 같은 단백질을 섭취하고 야채와 과일도 좋아한다. 세 끼를 직접 차려서 먹고, 운동을 하는 등 혼자서 남의 도움 없이 살아가다 보니 계속 움직이게 되고 이로 인해 건강을 유지하고 있는 것 같다고 말한다.

81세에 동일본 대지진을 만나 7명의 친척을 잃었고, 조카딸도 죽었는데 무언가를 하고 싶었고 그때부터 인형을 만들어서 주변에 나누어 주고 있다고 한다. 이 할머니는 "다른 사람들과 함께 사는 것 그 자체가 인생이고 즐거운 일이다"라고 말씀을 하신다. 1945년 2차 세계대전 시에는 폭격으로 폐허가 된 도쿄에서 큰 냄비에 풀죽을 끓여서 함께 나누어 먹으면서 삶의 참담한 모습을 보았고, 어울려 산다는 것의 고귀함도 이때 함께 느꼈다고 한다. 틈틈이 생활 속에서 운동을 하고, 지적 호기심을 잃지 않고 삶의 고귀함에 감사하며 긍정적인 삶의 태도를 항상 유지하고 있다고 한다. 그래서 우리 사람은 가정이라는 틀을 만들어서 함께 생활하고 성장하면서 학교라는 공동체와 만나고, 어른이 되면 세상의 사람들과 함께 어우러져 사는 것이다. 그리고 지금껏 그렇게 살려고 노력해 왔다면 잘 살아온 것이 아닐까?

5. 우리의 인생을 "예스"라고

우리는 가끔 스스로에게 묻는다. 나는 잘 살아가고 있는가?
"내가 진정으로 행복한 순간은 언제인가?"라고 묻기도 한다.
그리고 내가 나를 흔들리지 않게 다잡아 줄 수 있는 마음의 중심은 제
대로 잡고 있는가? 이러한 질문을 자신에게 하고 긍정적인 답을 스스
로 할 수 있을 때 비로소 나는 '좋은 삶', '행복한 삶'을 살고 있는 것이
다.

나는 지금 잘 살고 있는 것일까?
정녕 이렇게 살아도 괜찮고 후회하지는 않을까?
지금 내가 살아가는 모습이 진정 내가 꿈꾸었던 삶일까?
나는 내 삶의 주인공으로서 노릇을 제대로 하는 삶을 살고 있는 것일
까?

어느 순간 내 삶을 돌아보면서 나에게 물어보게 된다. 세상 사람들의
기대와 격려 속에 어머니의 뱃속에서 나와서 고귀한 한 생명으로서
삶을 부여받고, 스스로 삶을 살아가야 하는 숭고한 운명체로서 삶을
개척하고 살아가야 한다. 인생은 고행길이며 마냥 달지도 쓰지도 않
다. 그 의미는 삶의 주체이며 주인공인 내가 어떻게 살아가느냐에 따

라 나의 삶의 히스토리는 달라지는 것이라는 이야기이다.

답이 없는 삶을 살고 있는 우리에게 영국의 극작가 찰리 채플린은 "인생은 가까이에서 보면 비극이지만 멀리서 보면 희극이다"라고 말했다. 우리 인생에 대한 '답'은 우리 자신에게 있다. 나는 그 답은 "예스"여야 한다고 생각한다. 한 인간으로서 숭고한 삶이라는 수레바퀴를 끌고 가는 나에게 삶의 답은 나의 마음에 달려 있고 내 마음에 의해서 삶의 궤도는 만들어진다.

최선을 다해서 사는 사람이 진정한 프로라고 한다.
세상은 항상 긍정적이고 자기의 삶을 '예스'라고 말하는 사람들의 몫이다. 도자기도 불에 구워질 때 더 단단해지고 그 시련의 시간이 지나야 고운 빛의 명품으로 태어날 수 있는 것이다. 우리의 인생도 우리가 생각하는 대로 만들어진다. 따라서 우리의 인생에게 "예스"라고 할 수 있는 우리가 되어야 한다. 그리고 '예스'라는 답에 어울리는 인생을 만들어 가야 한다.

어느 날 장미꽃이 천지 만물을 창조하신 신을 원망하며 말했다.
"신이시여! 왜 저에게 가시를 주셔서 저를 이렇게 힘들게 합니까?"
그러자 그분께서 대답하신다.
"나는 너에게 가시를 준 적이 없다. 오히려 가시나무였던 너에게 장미를 주었단다."
똑같은 환경에서도 가시를 보면서 불평하는 사람이 있고, 가시가 있지만 인생의 장미꽃을 주신 신에게 감사하면서 살아가는 사람이 있다. 감사의 마음과 감사의 눈을 가진 사람에게는 모든 것이 감사의 제목이지만, 불평의 마음과 불평의 눈을 가진 사람에게는 모든 것이 불평거리가 된다.

불평은 불행의 문을 열지만 감사는 행복의 문을 연다.
불평은 사람을 떠나게 하지만 감사는 사람을 돌아오게 한다.
불평은 또 다른 불평을 낳지만 감사는 또 다른 감사를 낳는다.
행복은 또 다른 이름의 감사이다. 감사로 하루를 열면 행복한 열매의 하루가 된다.

성호 이익 선생은 시시비비보다 운세이고, 운세보다 시대의 형세가 더 중요하다고 말씀을 하셨다는데 나는 마음의 자세도 이에 못지않게 중요하다고 생각한다.

달은 항상 보름달인데 우리는 그것을 보이는 대로 바라본다. 어떤 사람은 초승달로, 또 다른 어떤 사람은 반달로, 또 다른 사람은 그믐달이라고 생각하면서 다시 보름달이 오기를 기다린다. 우리 마음의 주파수는 어디에 맞추어져 있는가? 우리는 삶이 쉬워서 긍정적으로 사는 것이 아니라 삶이 어렵기 때문에 긍정적으로 사는 것이다. 우리 삶 속에서 살아가는 의미를 찾는 데 집착하기보다는 한 발 물러서서 세상과 내 삶을 관조해 보는 여유를 가질 때, 역설적으로 눈에 보이지 않던 작은 것들에서 새 삶의 의미가 더 크게 다가오기 때문이다.

사는 것이 무엇인가? 각자 주어진 인생이라는 컵에 달달한 삶의 맛을 더해가는 것, 그리고 누군가의 컵에 좋은 맛을 가미해 줄 수 있는 사람이 되는 것이 아닌가? 나는 우리의 삶은 생각하는 대로 스며든다고 생각한다. 그러기에 우리는 우리의 삶을 "예스"라고 말할 수 있는 우리가 되어야 한다고 생각한다. 왜냐하면 "긍정의 언어가 긍정의 인생을 만든다"라고 생각하기 때문이다. 사람은 저마다 사람으로서의 느낌과 생각을 가지고 있다. 밝은 느낌의 이미지를 가진 사람의 인생이 더 행복하고 성공적인 삶을 사는 확률이 높다고 생각한다. 왜냐하면 긍정적 생각을 가진 사람이 삶을 긍정적으로 받아들이는 경향이 강하고 삶도 행복하게 이끌어 갈 가능성이 높기 때문이다.

오늘 아침엔 무심히 차에서 내리다 문득 달라진 계절을 만났다. 세월은 기다리지 않아도 또 다른 계절을 만들며 흐른다. 세월과 함께하는 우리의 인생도 자연스럽게 행복이라는 바다로 흘러가야만 한다. '예스와 긍정'이라는 삶의 답을 찾아서……

6. 외로움, 고독 그것이 인생

2023년 갤럽이 외로움에 대하여 세계 142개국에서 조사한 결과에 의하면, 성인 절반 이상이 외로움을 느끼고 있다고 한다. 20대의 27%, 65세 이상 노년층의 17%는 심각한 수준의 외로움을 경험한다고 조사되었다고 한다.

소셜미디어, 1인 가구 증가, 비대면 생활 방식 확산 등이 공동체라는 가치를 무력화하고 고립감을 확산시키고 있다. 유대감과 소속감을 가지고 더불어 살아가는 것이 그 어느 때보다 중요한 키워드가 되고 있는 현시대를 우리는 살아가고 있다.

곽금주 교수는 '이 가을, 외로움이 아닌 고독이라는' 칼럼에서 외로움은 자기 주변의 다른 사람과의 관계가 없다는 생각이 들면서 사람으로 하여금 슬픔을 느끼게 하는 것이라고 썼다. 따라서 외롭기 때문에 다른 사람들과 같이 있으려 하고 이성을 찾기도 한다.

한편, 같은 글에서 곽 교수는 외로움이 타인으로부터 고립된 기분으로 인한 우울함이라면 고독은 고립된 기분을 즐기는 것이라고 썼다. 고독은 다른 사람을 의식할 필요가 없이 오롯이 자기 자신에게 집중하는 데서 비롯된 즐거움이라고 볼 수 있다. 따라서 고독은 자기 자신을 돌아보고 성장할 수 있는 긍정적이고 건강한 상태의 정신적 자유이자 해방이라고 할 수도 있다. 그러기에 우리는 외로움에서 벗어나려 애쓰지만 말고 나에게 충실할 수 있는 나만의 시간, 내가 하고 싶은 일을 즐기는 시간 등으로 고독이란 주제로 주어진 시간을 활용하여 에너지를 충전하고 마음을 살찌우는 시간으로 활용해 보아야 한다.

쇼펜하우어는 고독을 사랑한 나머지 인간관계를 귀찮아했다고 한다. 그리고 고독 속에서 진짜 자기 자신을 만날 수 있다고 생각했다. 진정 내가 무엇을 원하는지 아는 것이 중요하고 사람들의 기대에 나를 맞추어 가는 것은 바보 같은 삶이다. 나 자신에게 솔직해지고 나의 행복을 최우선으로 생각해라. 물질에 대한 집착이 인간을 행복에서 멀어지게 한다. 인간은 더 많이 가질수록 더 큰 결핍을 느낀다고 한다. 이기적인 삶이란 남을 무시하는 삶이 아니라 자신의 행복과 평화를 우선시하는 삶을 말한다. 내가 먼저 행복해야 남에게 선한 영향력과 행복을 줄 수 있다.

우선 자신을 사랑하고 돌보는 것이 진정한 이기심이다. 즉 먼저 나를 우선시하고 나를 사랑하는 것이 중요하다. 고독 속에서 나 자신과 마주하라. 그리고 진정한 나의 목소리에 귀 기울여 보자. 우리 자신의 삶은 내가 만들어 가는 것이기 때문이다. 남들의 기대와 바람에 부응하기보다 나의 행복을 우선시하는 나를 위한 삶을 살아가야 한다. 그래서 고독을 적절히 관리할 수 있다면 인생은 혼자 있을 때 가장 행복해질 수 있다.

법륜 스님도 나이 들수록 외로움을 두려워 말라고 강조해서 말하였다. 외로움을 두려워하지 말아야 한다. 외로움은 피할수록 더 외로워지기 때문이다. 외로움을 자연스럽게 받아들일 줄 알아야 인간관계와 삶에서 초연해질 수 있다.

외로움은 다른 사람과의 관계 단절이 두렵고 그로 인해 고통을 느끼는 것을 말한다. 혼자 있는 고통을 표현한 말로, 혼자 있는 것을 원하지 않고 이를 이겨내지 못하는 것에서 오는 괴로움의 표현이라 할 수 있다. 반면 고독은 혼자 있는 즐거움을 표현하는 말로 외로움을 선택하는 것을 말한다. 내가 스스로 선택할 때 존재하는 것으로 혼자 있음으로 얻어지는 기쁨이나 즐거움의 표현이다.

우리는 내 주변에 있는 사람을 소중히 하여야 한다. 가까이 있는 사람일수록 소중히 하고 관심을 가져주어야 한다. 사랑하는 사람에게 실수하지 말고 내 생각을 강요하지 말아라. 곁에 있는 사람의 소중함을 늘 생각하여라. 열린 마음으로 배우고 도전하는 삶을 사는 사람들이야말로 타인에게 더 우호적이며, 개방적인 사람일수록 더 행복한 경향이 있다. 사람은 호기심을 잃는 순간 늙는다고 하지 않는가? 그리고 혼자 될 줄 아는 사람이 좋은 인간관계를 만들 수 있다. 인간관계가 중요하기는 하지만 매달릴 필요는 없다. 혼자 있는 고독의 시간을 잘 활용할 줄 알아야 한다. 혼자 될 줄 알아야 다른 사람을 이해하는 폭이 넓어질 수 있고 행복하고 편안해질 수도 있기 때문이다.

우리는 사람과의 관계에서 외로움과 즐거움을 함께 맛보는 사회적 동물이다. 우리가 누구에게 다가가기란 생각보다 쉽지가 않다. 외롭지 말라고 사랑하는 사람을, 쓸쓸하지 말라고 친구를, 인생길에 춥지 말라고 가족을 주었다고 하지 않는가? 우리는 다른 사람들로 인해 따뜻해지는 심장을 가지고 있는 존재들이다.

나의 미래가 두려웠는지 언젠가 마음고생 없는 노후를 위해 가져야 할 능력에 대한 얘기를 듣고 메모해 놓은 것이 있었다. 그 내용은 대략 이런 것이다. 혼자서도 재미있게 놀 수 있는 능력과 평생 즐기는 취미를 준비하고, 결핍감에 기죽지 않는 능력이 필요하다는 이야기와 고독력을 끌어올려서 마음의 근육을 만들어야 하고 마음의 욕심을 잘 관리하여 자기중심을 잃지 않는 능력 등이었다. 그런데 '잘 맞지 않는 부부'와 '로또'와 같이 나오는 잘 맞지 않는다는 생각이 나를 씁쓸하게 만들었다.

그러면 우리는 어떻게 외로움을 이길 수 있을까?

우선, 외로움을 당연한 것으로 여기자. 혼자 지낼 줄 모르면 남을 괴롭히게 된다고 하지 않는가? 그러면 가까이에 있는 사람의 소중함도 알게 된다. 그리고 심취할 수 있는 일을 만들어야 하지 않을까? 사람은 열정과 호기심을 잃는 순간 늙게 된다는 이야기처럼 무엇인가에 집중을 할 때 외로움은 감히 얼씬도 못하게 될 것이다. 다음으로 우리 마음은 우호적이지 않더라도 개방적이어야 하고, 언제든 마음이 외로울 때 여행을 떠나고 사람과 교류하고 세상과도 만나야 하지 않을까?

그래도 외롭다고? 그러면 이렇게 생각을 하자. 어찌 보면 "나이가 든다는 것은 천천히 혼자가 된다는 의미이다"라고, 그리고 나도 그러한 사람들 중에 한 사람이라고 나를 위로해 주자.

7. 꿈, 노력 그리고 기다림

2025년에 93세가 되는 이길여 가천대 총장은 말한다.
"꿈을 위해 헌신하고 열정과 사랑을 지켜가면 젊음을 오래 유지해 갈
수 있다"라고.
꿈을 접는 순간 사람들은 늙어가기 마련이다.
로버트 기요사키는 "삶에서 가장 파괴적인 단어는 '내일'이라는 단어
이다. 내일이라는 단어를 자주 사용하는 사람들은 가난하고 불행하고
실패한다"라고 말했다.

이런 사람들은 종종 내일부터 투자하겠다고 말한다. 또는 내일부터
운동을 하고, 공부하고 다이어트를 시작하겠다고 말한다. 오늘은 승
자의 단어이고 내일은 패자의 단어이다. 당신의 인생을 바꿀 수 있는
말은 '오늘'이라는 단어이다.

어느 일간지에 이런 글이 실렸다. 소리꾼 장사익 선생의 인생 이야기
이다.
"늦게 핀 꽃이 오래 간다."
3년만 최선을 다하면 세상에 못할 것이 없다고…….
나이 사십이 넘어 태평소를 붙잡고 3년, 하찮아도 최선을 다하니 마침

내 노래의 길이 열렸다. 그의 얼굴에는 인생의 역정과 세월의 흔적이 깊이 자리하고 있어, 평탄하지 않았던 삶을 말해주는 인생의 계급장이 훈장처럼 자리하고 있다.

그는 상고 졸업 후 보험 판매원, 인쇄소와 전자 회사 직원, 과일 노점상, 독서실 매니저와 카센터 직원까지 열 가지가 넘는 직업을 가졌던 사람이었다. 그러던 그가 불혹의 나이를 넘어서 가수라는 직업을 하나 추가하였고, 이제 그는 가수라기보다는 '소리꾼'이라는 단어가 더 잘 어울리는 사람이 되었다.

그는 이렇게 말한다. "내가 부르는 노래는 뜨거운 세월을 다 보내고 들판에 핀 가을 꽃잎이다"라고. 이는 가수가 그의 인생에 있어서 가장 소중한 때에 찾아온 '인생 직업'이라고 생각하기 때문일 것이다. 넘어지고 쓰러지고 또 쓰러진 인생의 수많은 쓴맛을 본 이후에 인생을 배우고 나서 천직처럼 만난 인생 직업이었기 때문이다. 그러기에 그의 노래는 우리 보통 사람들의 희로애락과 인생 역정이 담겨 있어서 모두에게 공감을 일으키고 감동을 이끌어내고, 그의 혼을 담아서 토해내는 한 구절 한 구절 노래 가사가 우리의 마음을 사로잡는 이유인지 모른다.

그는 방황하는 세상 사람들에게 딱 한 번 사는 인생, 불평을 거두고 죽을힘을 다해서 3년을 버틴다면 새로운 인생길이 열릴 것이라고 자신 있게 말한다. 인생은 서울과도 같아서 열심히 일한 만큼 그만큼 답이 돌아온다고 한다. 오늘 하루도 열심히 사는 사람들은 1년 365일도 열심히 살게 된다. 즉 최선을 다해서 인생을 살면 거울처럼 최선의 결과가 만들어진다. 소리꾼 장사익은 말한다. 인생은 거울과 같다고……. 죽을힘을 다하고 최선을 다해서 노래를 부르면 관객도 최선을 다해서 들어주는 것처럼…….

일본의 속담에 "그치지 않는 비는 없다"라는 이야기가 있다. 이는 역사적 배경을 가지고 나온 이야기라고 한다. 일본의 막부 시대 지금의 도쿄와 시즈오카현을 가로지르는 오이가와라는 그리 크지 않은 강이 있었다. 그런데 변변한 다리 하나 없던 이 강을 지나려면 인부들에게 의존해서 강을 건너야만 했다고 한다.

특히 장마나 호우로 인하여 물이 불어나면 강을 건너려는 사람들은 발이 묶이고 인부들은 돈을 벌지 못하는 상황이 발생하곤 하였다. 이때 그들이 불안한 마음을 달래기 위해 입버릇처럼 하던 말이 "그치지 않는 비는 없다"라는 이야기라고 한다. 비슷한 이야기로 우리가 잘 아는 '인디언 기우제' 이야기도 있지만 우리의 삶과 관련하여 우리를 돌아보게 하는 이야기이다. 때로 삶이 우리를 힘들게 할 때에는 우리의 마음을 조금은 가볍게 할 수 있는 이러한 문구를 떠올려서 흔들리는 마음을 다잡아보는 것도 좋은 방법이라고 생각한다.

어느 날 미국 대통령이 해군 참모총장을 호출하였으나 군복이 세탁소에 있었다고 한다. 이때 영내 방송을 통해 4성 장군 계급장을 구하는 방송이 나오자, 한 소위가 4성 장군 계급장을 들고 총장실로 왔다고 한다. 계급장을 가지고 있는 이유를 물어보니 그 소위는 여자친구가 언젠가는 4성 장군이 되라고 계급장을 선물했다고 말했다. 그는 20여 년 뒤, 실제로 해군 참모총장이 되었고, 그의 명성을 따서 최고의 핵

추진 항공모함 '니미츠 호'가 탄생하였다고 한다. 그가 초급 장교 시절 이러한 꿈을 꾸지 않았다면 과연 니미츠 호가 탄생할 수 있었을까 다시 한번 생각을 해본다.

성공이라는 단어는 삶에서 어떠한 의미일까?

요즘 사람들은 다른 이에 앞서서 일찍 성공하고 출세하려고 한다. 즉, 예쁘게 빨리 피는 꽃이 되려 한다. 다소 늦더라도 어느 꽃 못지않게 멋진 꽃을 피울 수 있도록 준비하여야 한다. 우리의 인생도 남보다 빨리 가는 '신인상'보다 자신의 '삶의 주연상'이 더 의미가 있고 빛나는 상이다. 사실 인생에서 중요한 것은 첫 직장이 아니라 마지막 직장이라고 한다. 마지막에 누가 웃는지 보자며, 호흡을 길게 가져가는 것이 중요하다. 맬컴 글래드웰도 《아웃라이어》에서 어떤 분야든 타고난 경지에 이르기 위해서는 1만 시간의 체계적이고 정밀한 연습이 필요하다고 말하였다.

골프도 18홀을 다 돌기 전까지 승부를 알 수 없기에 종종 골프를 인생에 비유한다. 18홀을 도는 과정에는 러프, 벙커 등 수많은 장애물이 골퍼를 힘들게 한다. 우리의 인생 또한 마찬가지가 아닌가? 지금 잘나간다고 해서 호언장담을 해도 내일이나 모레, 한 방에 갈 수 있다. 내가 몇 홀쯤 왔는지 인생에 비교해 보면서 되돌아보고 겸허해지자. 인생과 골프는 계단 오르기와 같다고 한다. 원하는 바를 빨리 이루려고 서두르거나 반칙을 하다 보면 더 큰 구렁텅이에 빠질 수 있다. 그래서 골프장에 벙커도 러프도 만들어 놓았다고 생각한다. 우리의 삶에서 깊이 새겨야 할 인생철학이다. 꿈이 있고 노력이 함께해 준다면 느리고 느린 달팽이도 산을 넘는다.

8. 시지프스 삶과 우리인생

그리스 로마 신화에 '시지프스'라는 사람이 있었다. 그는 큰 죄를 지은 나머지 영원히 일평생 돌을 굴려야 하는 형벌을 받는다. 신 하데스는 그에게 돌을 정상에 올려야 한다는 형벌을 내린다. 그러나 정상까지 올린 돌은 다시 굴러 떨어진다. 그러면 시지프스는 이 돌을 다시 정상까지 밀어서 올린다. 그러나 또다시 돌이 굴러서 떨어진다. 말 그대로 영원한 형벌이다. 우리의 인생도 이와 다르지 않다.

그럼에도 행복을 위한 우리의 삶의 도전은 계속되어야 한다. 우리는 지금도 시지프스처럼 삶이라는 바위를 밀어 올리면서 또 하루를 살아가고 있다. 그리스 신화 속 시지프스는 무한히 큰 돌을 산 정상까지 옮겨 놓는 고난스러운 업무를 맡게 되었다. 그러나 그가 돌을 정상까지 옮겨 놓기 직전에 계속하여 떨어져 내려오는 비극을 경험하게 된다. 이와 같은 시지프스의 이야기가 바로 인생에서 마주하는 어려움과 고난으로 이어지는 여정을 상징적으로 나타낸다.

우리 삶도 종종 시지프스처럼 느껴지는 순간들이 너무 많다. 어려움 속에서 헤쳐 나가는 우리 모두는 무언가를 이루고자 하는 열망과 고난 사이에서 괴로움을 겪는다. 그러나 바로 그 시련과 고난을 통해 우리는 더 큰 의미와 삶의 깊이를 발견할 수 있다. 고통은 새로운 통찰력과 성장의 발판이 될 수 있다는 교훈을 시지프스의 신화는 우리에게 주고 있다.

고난은 결코 사라지지 않고 우리 인생에 깊이 내재된 존재이다. 그러나 그것이 우리에게 불행과 절망을 안겨주는 것이 아니라, 오히려 우리에게 인내력을 길러주고 삶의 가치를 깨닫게 한다. 시지프스의 신화는 우리가 진정한 행복과 의미를 찾기 위해 고난의 과정을 거치며 영원히 움직이는 삶의 수레바퀴 속에서 빛나는 순간들을 발견하라는 메시지를 전달한다.

인생은 시련을 극복하고 의미를 찾아가는 여정인지도 모른다. 우리는 시지프스처럼 끊임없이 돌을 옮기는 것처럼 보일지 모르지만, 그 안에서 우리 자신의 의미와 가치를 발견할 수 있다. 따라서 우리는 고통과 역경을 두려워하지 않고, 그것을 이겨내며 더욱 완전한 존재로 성장할 수 있는 기회로 받아들여야 한다.

고통과 어려움이 닥쳤을 때 우리는 시지프스처럼 용기를 가져야 하며, 그 속에서 새로운 가능성과 희망을 찾아가야 함을 기억해야 한다. 이것이 바로 인생의 진정한 의미를 찾아가는 여정이며, 시지프스의 신화가 우리에게 전하는 교훈이다.

앤절라 더크워스 교수는 그의 책 《그릿(GRIT)》에서 성공과 성취를 이끌어 내는 데 결정적인 역할을 하는 요소로서 '투지와 용기'를 들고 있다. 그는 타고난 재능보다는 노력이 더 중요하다고 말했다. 그는 목표를 세웠다면 많은 시간과 노력을 투자하고 기다리는 것이 꿈을 이뤄가는 가장 필요한 덕목이라고 역설했고 꾸준히 버티고 도전하는 힘을 강조했다.

살고 보니 과거는 미래의 좋은 모습으로 다시 태어나기 위한 시행착오와 시련이라는 수업료를 지불하기 위한 하나의 과정이었다. 인생에 있어서 작은 실수와 실패는 성공으로 가는 과정에서 거쳐야 하는 하나의 통과 의례이자 마중물일 수도 있다.

힘든 시간을 견디다 보면 지나온 시간이 자신에게 대견스럽기도 하고 고맙고 아름다운 한 편의 추억으로도 기억이 될 수 있다. 인생에서 작은 실수와 실패는 '나'라는 원석과 같은 보석을 다듬어가는 과정에서 반드시 겪어야 하는 작은 수고들이다.

곧게 자란 소나무보다 굽은 소나무가 더 멋지고, 똑바로 흘러가는 냇물보다 굽어 흐르는 냇물이 더 정겹고, 직선으로 쭉 뻗은 도로보다 굽이굽이 돌아가는 길이 더 아름답고, 똑 부러지게 사는 삶보다 좀 손해 보는 듯 사는 삶이 가치 있어 보이는 이유이기도 하다. 실수는 인생의 아름다운 스펙이다.

타이타닉호가 침몰하는 순간까지 바이올린 연주가 계속되는 열정을 많은 이들이 기억하고 있다. 1912년 침몰하던 타이타닉호에서 밴드 리더 월리스 하틀리는 동요하는 승객들을 위하여 자신의 밴드와 함께 죽음의 공포 속에서도 멈추지 않고 침몰하는 순간까지 3시간 동안 열정의 연주를 계속하였다고 한다. 이것이 우리의 참된 삶의 모습이어야 하지 않은가?

우리는 고독 속에 이 어려운 세상을 살고 있는지도 모른다. 이를 반영하듯 미국에서는 고독 비즈니스라고 하는 '친구 대여 서비스(Rent-a-Friend)' 제도가 있고 일본에서도 '아저씨 대여 서비스'가 유행하고 있다고 한다. 우리 한국은 어떠한가? 1인 가구 비율이 35%에 육박하고 65세 이상 고령자의 약 40%는 빈곤의 그늘에서 벗어나지 못하고 있는 현실이라고 한다.

인생에서 가장 괴로운 것은 노인이 되어 찾아오는 가난과 외로움 그리고 아무런 선행이 없이 죽음을 기다리는 처지가 되는 것이라고 한다. 이것은 젊은 시절 꿈을 이루지 못하고 자신의 삶의 한계에 부딪쳐서 낙담하던 시절보다도 더 큰 고통이고 외로움이 아닐 수 없다.

고통이 클수록 인생은 빛난다고 하지 않는가? 아마 신들이 인간에게 이러한 형벌을 준 것은 "저렇게 계속하다가 힘이 들면 포기하고 용서를 빌겠지" 하는 마음에서 그렇게 형벌을 준 것인지도 모른다. 그것을 이겨내야 하는 것이 우리의 숙명이다. 시지프스처럼……

9. 삶은 그냥 잘 견디는 것

누가 우리 삶을 공평하다고 했는가? 태어날 때부터 우리의 삶은 공평하지 않다. 즉 우리의 인생이 공평하지 않은 것은 당연한 일인지도 모른다. 누구는 금수저로 또 다른 누구는 흙수저로 나뉘어 태어나고, 태어난 이후에도 세상에는 아빠 찬스 등 불공정 사례는 넘쳐난다. 억울해도 당연한 것으로 받아들여야 하는 것이 현실이고, 정신 건강에도 좋은 것이 아닌가 생각한다.

이 세상은 불평을 해봐야 조금도 달라지는 것은 없다. 인생에 있어서 성공과 실패는 어떠한 의미일까? 링컨은 많은 역경을 이겨내고 51세에 대통령이 되었다. 그의 정치 역정은 성공보다는 실패가 훨씬 더 많았다. 사람은 누구나 성공을 바라고 실패를 두려워한다. 우리는 실패를 통해 지혜를 배우고 좋은 성공을 위해 삶의 연료를 지혜롭게 활용하여야 한다.

세계적인 거부이자 재일 사업가인 손정의 회장은 모두 4천여 권의 책을 읽고 정보와 사회의 흐름을 파악하는 능력을 갖추고 나서야 사업에서 성공을 거둘 수 있었다고 한다. 성공을 위해 자기 자신을 채찍질하고 응원하는 것은 성공을 원하는 자의 가장 기본적인 덕목이라 할 수 있기 때문이다.

삶의 가장 중요한 목적은 내가 행복해지고 재미있어하는 일을 발견하는 것이다. 놀듯이 사는 삶이 가장 행복한 삶이며, 행복한 사람 주위에는 행복한 사람이 많은 것은 당연한 것이다. 20세기에는 부지런하고 근면한 사람이 성공했으나, 21세기는 행복을 삶의 가치로 두고 잘 놀고 즐기는 사람이 성공하는 시대이다.

공평하지 않은 세상에서 성공의 가치는 무엇이며 실패가 가져다주는 의미는 무엇인가? 우리는 내가 원해서 이 세상에 온 것도 아니고, 우리 부모를 원해서 만난 것도 아니다. 더 나아가 우리의 삶도 노력의 과정과 결과 또한 다 다르게 나타나기도 한다. 그리고 운이라는 녀석은 우리의 삶에 있어서 피할 수 없는 변수이기도 하다. 그러면 우리 삶에서도 성공을 위한 노력과 고생만이 인생의 답이 될 수 있을까?

고통이 클수록 인생은 빛난다고 한다. 《로빈슨 크루소》의 저자 대니얼 디포는 감옥에 있으면서 책을 저술하였고, 하루에 자기의 시력을 5분밖에 쓸 수 없었던 프레스콧(William H. Prescott)은 위대한 역사가로 활동했으며, 거의 완벽한 귀머거리가 되어 마음에 슬픔이 가득했던 베토벤도 위대한 교향곡을 작곡하고 완성하였다. 육신이 병으로 심한 고통을 당하는 어려운 상황에서도 존 칼빈은 위대한 신학서를 저술하였다. 존 번연 역시 눈썹에 곰팡이가 필 정도로 음침하고 열악한 감옥에서 《천로역정》이라는 영원히 빛나는 역사서를 썼다.

인디언 기우제 이야기를 해보자. 인디언들이 기우제를 지내면 100퍼

센트 비가 온다고 한다. 정말 신기한 일이지만 인디언들에게 어떤 신통력이 있는 것은 아닐까 하는 생각마저 든다. 그러나 알고 보면 그 비결은 신통한 능력이라기보다 인내심의 결과다. 그들은 비가 올 때까지 기우제를 지내기 때문이다. 그러니 당연히 비가 올 수밖에…….

인생의 길을 가다 보면 우리는 크고 작은 수많은 어려움을 겪게 된다. 예상치 않은 어려움이 우리에게 찾아오는 것은 우리를 시험에 들게 함은 물론 우리에게 중도에 포기하기를 강요한다. 하지만 포기하지 않는 끈기만이 비를 내리게 하는 것과 같이, 우리도 역시 포기하지 않고 인내하는 수고가 있고 나서야 우리가 원하는 것을 얻을 수가 있다.

밑짐이 든든한 배는 풍랑이 이는 때라도 큰 흔들림 없이 앞으로 나아갈 수 있다. 때로는 열등감을 인생의 밑짐으로 삼고 살아가면 어떻겠는가? 감추거나 부성하지 않고, 당당하게 자기 성취의 동력으로 인정하며 살아가면 어떨까? 그럴 때, 열등감은 인생의 풍랑으로부터 우리를 지켜 줄 것이다. 그 대표적인 예가 바로 현대그룹 창업주 고(故) 정주영 회장이라 생각한다. 왜 하필 정 회장인가? 그는 남다른 부지런함과 신용으로 수많은 역경을 극복하며 맨주먹으로 한국 최고의 기업을 일으킨 전설적 인물이기 때문이다. 정 회장은 자서전에서 이렇게 말했다.

"시련은 있어도 실패는 없다. 나는 생명이 있는 한 실패는 없다고 생각한다. 내가 살아 있고 건강한 나한테 시련은 있을지언정 실패는 없다고 낙관하자. 그리고 긍정적으로 생각하자."

우리는 가끔 이러한 생각을 해본다. 내 인생에 '샐리의 법칙'만 계속 따라온다면 얼마나 좋을까 하고…….

'샐리의 법칙'은 자신에게 유리한 일만 계속 일어나는 상황을 말한다. 반면, '머피의 법칙'은 일이 잘 풀리지 않고 갈수록 꼬여만 갈 때를 말한다. 즉, '머피의 법칙'은 바라는 것은 이루어지지 않고 자꾸 나쁜 쪽으로만 일이 일어났을 때 사용하는 말이라면, '샐리의 법칙'은 예상하지 않았는데 일이 자꾸 좋은 쪽으로 일어나는 것을 말한다.

반면 '줄리의 법칙'은 마음속으로 간절히 원하고 바라는 일은 언젠가 이뤄진다는 법칙이다. 공평하지 않은 이 세상을 샐리의 법칙도 머피의 법칙도 아닌 '줄리의 법칙' 방향으로 이끌어가면 어떨까? 공평하지 않은 이 세상을 견디면서 살아가야만 하는 우리에게 '줄리의 법칙'은 그 현명한 대안이 되지 않을까?

넷. 돈 그리고 운명 이야기

1. 나의 돈그릇을 키워라

부에 대한 이야기는 너무나도 많다. 처음에는 이런 말들이 내 머릿속에 들어왔다.

"부자는 그만한 그릇이 되어야 하고 돈은 그만한 그릇을 가진 사람에게만 쌓인다. 그리고 돈은 믿음으로부터 생긴다."

돈과 부에 대한 경외심이라고나 할까?

이제 나이가 들어가다 보니 돈에 대한 생각도 조금은 달라지는 것 같다. "돈에 대한 욕심을 버리거나 욕심만큼 노력을 하라. 돈을 받는 만큼 일을 하는 게 아니라, 받고 싶은 돈의 가치만큼 일을 하는 것이다"라는 말이 마음에 좀 더 와닿는다. 돈에 대한 철이 든 것이 아닌가 하는 생각과 함께……

"홍수가 나면 정작 우리가 마실 물이 없다", 그리고 "가난에도 이자가 붙는다"라는 이야기도 이제는 다른 느낌으로 다가온다.

부자 이야기를 해보자. 재물 그릇이 크다고 무조건 좋은 것일까?

재물의 그릇이 크면 상대적으로 결핍감에 시달릴 가능성이 크다. 옛말에 아홉 섬을 가진 사람이 한 섬을 가진 사람의 재물을 탐하여 취한 후 열 섬을 채운다는 이야기가 있다. 무리한 투자로 인해 가지고 있는 재물마저도 다 날려버리는 경우도 허다하다. 사람의 재물 그릇이 작으면 '돈돈'하다가 삶이 더 불행해질 수도 있다 한다. 성공의 기준은 그가 가지고 있는 재물의 양이 아니다. 즉 좋은 집, 좋은 차가 반드시 부의 중요한 요소이거나 척도가 아니라는 이야기이다. 우리는 살면서 좋아하는 일을 하고 어떻게 살아야 하는 삶인가 스스로 돌아보고 삶의 만족을 찾아가는 노력이 필요하다. 재물이 많이 있다면 행복해질 가능성은 높겠지만 재물이 행복을 위한 절대적 요소는 결코 아니기 때문이다.

운 좋은 사람이 많은 돈을 만날 수 있는 기회를 가진다고 해도 그 돈을 담을 수 있는 그릇이 되어야 하고, 돈을 운용할 수 있는 능력도 아울러 갖추어야 운이 왔을 때 내 것으로 만들 수 있는 것이다. 아무리 좋은 운도 그것을 내 것으로 가져오는 노력이 부족하다면 아무런 의미가 없는 것이기 때문이다. 운이라는 것은 단지 좋은 환경이 만들어졌다는 의미이지 반드시 내 것이 된다는 의미는 아니다.

알라딘의 요술 램프에서 요정 지니가 소원을 들어준다는 약속도 그것을 내 것으로 만드는 실행력이 없다면 아무런 의미가 없다. 즉 복권에 당첨되게 해준다는 약속도 복권을 사지 않는다면 그 누구도 소원을 들어줄 수 없는 이치와 다름없다. 우리는 살면서 운도 중요하지만 나의 돈 그릇이 내가 원하는 정도의 돈을 담을 수 있는 그릇이 되었는지 먼저 돌아볼 일이다.

이서윤 님의 《더 해빙(The Having)》에서 의미 깊게 읽었던 구절이 있다.

"아버지가 말하기를 나는 부자가 되는 것이 평생 소원이었다. 그래서 아끼기만 했는데 그러나 결국 그 꿈을 이루지 못했구나…… 돌이켜 보면 후회도 된다. 아끼는 것만 생각하느라 행복한 순간순간을 놓친 것이. 현재를 희생하지 말고 진정한 부자로 살려무나……. 그 방법을 찾아서 너의 삶을 살려무나……."

행복이라는 가치는 돈이라는 물질과 정신적 감정의 교집합에서 얻어지는 만족감이 아닐까? 피케티(Thomas Piketty)가 말하는 것처럼 자본성장률이 노동성장률을 넘어섰다. 아무리 노력해도 상속 재산이 있는 금수저를 넘어서기는 어렵다.

세상에는 정말 많은 돈이 있다. 물에 손을 담그면 그 시원한 감촉을 느낄 수 있듯이 우리도 얼마든지 돈을 누리고 풍요를 느낄 수 있다. 그것이 '해빙(Having)', 우리 안의 힘이다. 해빙은 돈을 쓰는 순간을 가지고 있음을 충만하게 느끼는 것이다. 우리가 느끼고 집중해야 하는 것은 바로 이 순간이고 해빙은 지금 여기서 출발하는 것이다. 해빙의 스위치를 켜면 그에 맞는 긍정적 감정이 자연스럽게 나타난다. 누구나 사랑받을 자격이 있는 것처럼 누구나 부자가 될 자격을 가지고 있다. 해빙은 부를 끌어당기는 힘이다.

자신이 진정으로 원하는 것을 따라가다 보면 낭비나 과시적 소비와는 자연스럽게 멀어지게 된다. 지금 이 순간을 사는 것, 그것이 해빙의 첫걸음이다. 긍정적인 에너지로 돈을 누리면 반드시 더 큰 돈을 당겨올 수 있다. 에너지는 원인이고 물질은 그 결과가 되어 따라온다.

우리가 꿈꾸는 삶은 오늘을 즐기는 행복한 부자이다. 진짜 부자는 오늘을 산다. 그리고 매일 그날의 기쁨에 충실한다. 해빙은 생각보다 어렵지 않다. 돈을 쓰는 순간 "있음"을 느끼기만 하면 된다. 지금 이 순간을 의미 있게 잘 사는 것이 모든 것을 바꾼다. 우리의 마음도 운동으로 근력을 키워나가는 것과 같다. 지속적으로 해빙을 실천할수록 우리 마음에 탄탄한 근육을 키우게 된다는 것이다.

부자가 되기 위한 삶이란 무엇일까? 여기에는 특별한 비결이 있는 것이 아니다.

이병철 회장의 사주는 큰 부자 사주가 아니었다고 한다. 그는 어찌 보면 아주 평범한 부의 철학을 가졌던 분이었다. 그는 항상 돈을 사랑하라, 그리고 네가 하는 일을 사랑하라 말하였고, 비워야 채울 수 있으니 남에게 많이 베푸는 삶을 실천하라고 이야기하였다.

이는 우리가 살면서 수없이 들어온 평범하고도 삶의 기본이 되는 이야기들이다. 그러나 우리는 이러한 삶의 진리를 놓치고 살고 있는 것인지도 모르는 일이다. 그리고 이 회장은 긍정적인 마인드로 세상을 살아가는 것을 주문하였는데 이는 특별한 이야기도 아닌 우리가 나 자신에게 수없이 이야기하고 있는 삶의 기본이 되는 자세인데, 단지 우리는 그것을 간과하고 있는 것이다.

사람마다 가치관이 다르지만 우리는 궁극적으로 인생을 즐기면서 행복하게 살아가길 원하고 이를 위해서 현재를 투자하고 있는 것이다. 결국 사람은 자기의 그릇만큼 돈을 모은다. 그릇은 작은데 많은 것을 담으려 한다면 대부분 흘러서 넘치고 내 것이 되지 못하고 말 것이다.

프랑스 극작가 사샤 기트리(Sacha Guitry)는 이렇게 말하였다. "성공한 남자는 아내가 쓸 수 있는 충분 이상의 돈을 버는 남자이며, 성공한 여자는 그런 남자를 찾아낸 여자"라고 말했다.

내 주위에 이런 남자와 이런 여자가 정말 많았으면 좋겠다. 그 사람들 중에 나도 한 사람으로 끼어 있으면서…….

2. 건강한 돈을 벌자

올바르게 얻는 부귀는 부끄럽지 않다. 최근 일본에서는 새로이 발권된 1만 엔권에 시부사와의 초상을 넣었다고 한다. 이는 한때 미국의 경제를 위협할 정도로 잘 나가던 일본 경제가 긴 침체를 겪으면서 새로운 경제적 도약을 하겠다는 일본인들의 의지와 다짐이 반영된 것이 아닌가 생각한다. 메이지 유신 시대 일본을 경제 대국으로 굴기시켜서 '일본 자본주의의 아버지'라 불리는 시부사와 에이이치(1840~1931)가 쓴 《논어와 주판》이라는 책이 일본에서 주목받고 있다고 한다. 이 책에서 저자는 도리가 뒷받침되지 못하는 부귀는 얻지 않는 편이 좋다고 말했다. 그러나 올바른 도리를 다하여 얻은 부귀는 부끄러워할 이유가 없다고 강조하였다.

그는 《논어》는 올바른 상업의 길을 가르쳐 주는 최고의 상업 경전이라고 이야기했다. 논어라는 도덕을 상업 정신과 결합시켜서 상업적 이로움과 이익의 가치를 추구하며 열심히 사는 것을 논어의 철학으로 승화시킨 것이다. 도덕적 의로움과 이익을 일치하는 가치로 이해하는 것이 그의 돈에 대한 철학인 것이다.

부자란 자신의 부를 지키고 이전하는 데 관심이 있을 뿐 부를 늘리는 데 관심이 없는 사람을 의미한다. 따라서 한 해 수억 달러를 사회에 기부하는 빌 게이츠는 부자이지만, 많은 부를 아들에게 물려주려고 사회공헌과 기부에 인색한 워런 버핏은 부자가 아니라고 하는지도 모르겠다.

우리는 돈이 많은 부자들에 대하여 무작정 오해하는 경향이 강하다. 그리고 그들이 돈을 펑펑 쓰고 금수저로 태어나서 노력 없이 부자로서 누리는 호화로운 삶을 산다고 오해하는 경우가 많다. 그러나 많은 부자들은 근검절약하는 습관이 강하고 넉넉한 살림에도 불구하고 절약에 길들여져 있는 경우가 많다. 돈이 많다고 흥청망청 써도 된다고 생각하는 사람들은 일부 졸부들의 이야기이지 대부분은 그렇지 않다. 그들은 부를 쌓는 과정에서 근검절약과 고생을 감수했기에 그들의 돈에 대한 생각은 결코 경솔하지 않다. 지금 우리 주위의 부자들은 돈을 많이 벌었다기보다는 잘 모으고 잘 써온 사람이라고 생각하는 것이 옳은 것이다.

세상에 공짜는 없다는 말이 있다. 구한말 작은 호롱불로 세상을 밝혔던 우리 조상들에게 석유를 사용한 램프(일명 남포불)는 정말로 지금의 전깃불 이상으로 충격이었다. 외국인들은 처음에 이 램프를 무상으로 나누어 주었다고 한다. 얼마 후 밝고 편리한 생활에 익숙해진 사람들은 석유를 비싸게 살 수밖에 없었다. 세상에 공짜는 없다. 무료로 나누어 주었던 램프는 나중에 더 큰 이익을 얻자고 했던 서양인들의 숨은 상술에 지나지 않았던 것이다.

'자본주의의 아버지'로 불리는 애덤 스미스는 재산을 실속 있게 모으는 지혜를 세상 사람들에게 들려주었다. 그는 덕을 갖추는 것과 재산을 모으는 것을 매한가지라고 했다. 일반적으로 정직하고 부지런하며 약속을 잘 지키는 사람은 시장에서도 환영을 받는다. 일자리를 구하거나 상거래를 할 때에도 정직하고 신용을 지키는 일이 성공으로 가는 불가결의 요건이라고 말한다. 따라서 우리가 재산을 모으고 부자가 되기 위해서는 바르고 성실하며 믿음직한 인성을 갖추어야 한다. 즉 정직하고 성실한 사람은 다른 사람들에게 믿음과 신뢰를 얻을 수 있고 실패를 한다 해도 일어설 수 있는 기회를 다시 가질 수 있기 때문이다.

'노블레스 오블리주'라는 말을 인용하지 않아도 세월이 흐르고 세상과 사람들이 변하여도 애덤 스미스가 설파한 삶에 대한 진리는 빛이 바래지 않고 여전히 세상의 지혜로 많은 이들의 공감을 얻고 있다.

현대인들의 생활경제 교과서를 쓴 세이노에 따르면 돈은 당신의 삶을 위한 수단이다. 그러나 돈은 자신이 자유를 확보하기 위한 수단일 뿐이다. 그래서 돈은 자신의 마음가짐에 따라 달라진다. 자신이 가난하다고 생각하면 가난해지고 부자라고 생각하면 부자가 된다. 즉 부자가 되기 위해서는 부자로서의 마음을, 즉 '부자 마인드'를 가져야 한다. 그리고 돈은 마치 피처럼 순환하고 공유되어야 한다. 저축하고 투자하여 돈을 만들고 그 돈을 기부하고 나누고 소비해야 한다. 그래야 돈이 나를 부자로 만들어 준다.

김승호 회장은 《돈의 속성》이라는 책에서 돈에 대해 이렇게 이야기하고 있다.

"돈은 중력과 같다. 돈이 많으면 많을수록 다른 돈을 끌어당기는 힘이 세다. 그리고 돈은 인격체. 돈은 생각을 하고 감정을 가지고 있다. 돈을 함부로 다루지 말고 인격체로 대접을 해야 하고, 일정하게 들어오는 돈이 힘이 세고 양질의 돈이 오래가는 돈이다."

일반적으로 우리가 고생해서 번 돈은 쉽게 번 돈보다 돈의 무게가 더 크기 때문에 내 곁에 오래 남아있는 속성을 가지고 있다는 것이 그의 돈에 대한 철학이다.

나 자신도 돈에서 자유롭지 못하지만, 돈 때문에 스트레스를 받고 있는 사람들이 의외로 많은 듯하다. 명리학에서 '재물운'이란 많은 떼돈을 의미하는 것이 아니고, 성공적인 삶을 실현하기 위해서 필요한 정도의 재화를 얻을 수 있느냐의 문제로 본다. 한국에서도 순자산 30억 원이면 1% 정도의 부를 가진 부자이며 '300억 원 이상 재산은 내 돈이 아니다'라는 이야기도 있다. '재물운이 없다'는 것은 꿈을 이루는 데 필요한 재물이 부족하다는 의미이다. 즉 학자가 될 운명이라면 금수저로 태어나거나 성공한 큰형을 만나서 학비 걱정 없이 원하는 만큼 공부를 할 수 있는 정도의 운이 있는 것을 말한다. 즉 넘쳐나는 돈은 재물운과 관련이 없다고 보아야 한다.

통상 3시간 안에 끝나는 프로야구 경기에서 1등 팀과 꼴찌 팀이 맞붙으면 적어도 3번은 꼴찌 팀이 이길 수 있는 기회가 온다고 한다. 하물며 80~90년을 사는 우리 인간의 삶에서 적어도 3번 이상의 기회는 오지 않겠는가? 우리는 지금 내 통장에 잔고가 얼마나 있느냐를 고민하기에 앞서, 나에게 주어진 삶이라는 콘텐츠를 나의 생각대로 충만감과 가치가 넘치는 삶으로 채워가고 있느냐가 더 중요한 숙제가 아닌가 생각한다.

부는 권력과 같이 다른 사람을 조종하는 힘이라고 한다. 《명심보감》에서는 "하늘은 사람에게 저마다 먹을 것을 가지고 태어난다"라고 말하고 있다. 나는 이런 생각을 해본다. 물건보다 자신에게 투자하는 삶, 명품보다는 경험을 사는 삶, 돈을 돈으로 불려야 하는 세상의 흐름을 읽는 힘, 그리고 심플하고 단순한 오늘 하루를 살아가는 삶이 더 중요하지 않을까라고……

3. 돈이 많으면 행복할까?

한때 "무소유(無所有)"라는 책이 이 세상의 화두가 된 적이 있었다. 무소유는 어떠한 의미일까? 법정 스님은 말하길 "불필요한 것을 갖지 않는 것이 무소유이다"라고 말했다. 무소유라는 의미는 아무것도 소유하지 않는다는 의미가 아닌, 가지고 있는 것에 집착을 하지 않는다는 의미다. 언젠가 TV에서 사람이 죽을 때 하는 후회는 '껄, 껄, 껄' 세 가지라며, 그것은 '좀 더 나누고 살걸', '좀 더 용서하고 살걸', '좀 더 재미있게 살걸'이라는 이야기를 들은 적이 있다.

사람은 돈이 많으면 행복할까? 그리고 우리에게 돈은 무엇일까?
누구는 돈은 우리에게 무엇이든지 "하고 싶은 일을 할 수 있는 자유를 주는 것"이라고 이야기하고, 누구는 돈을 통해 경제적 자유는 물론 삶의 플랜(Plan)까지도 바꿀 수 있다고 이야기한다. 반면 철학자 쇼펜하우어는 돈은 바닷물과 같아서 마실수록 목이 탄다고 냉소적으로 이야기했다. 돈이 우리의 삶에 행복을 가져다주는 절대적 가치라고 믿는 사람이 있는 반면에 그렇지 않다고 생각하는 사람도 많다.

미국 경제학자 이스털린(Richard Easterlin)은 돈과 행복과의 상관관계를 연구한 것으로 유명하다. 그의 연구에 의하면 일정 수준까지는 행복과 소득이 비례하지만, 일정 수준을 넘어서면 행복은 소득이 증가하더라도 더 이상 비례해서 높아지지 않는다는 결과를 얻었다. 즉 돈이 많다고 해서 모두가 행복해지지 않는다는 결론이었다.

한편 우리에게 행복도와 관련하여 잘 알려진 '부탄'이라는 나라가 있다. 2010년 영국의 신경제재단에서 실시한 국민 행복도 조사에서 1위를 한 적이 있다. 국민소득도 낮은 나라의 국민들이 왜 행복한가에 대한 궁금증을 자아낸 조사 결과였다. 지금까지 돈이 많고 잘살아야 행복할 것이라는 기존의 통념을 깨는 결과였기에 지구촌의 많은 사람들을 놀라게 했다. 그러나 이를 자세히 살펴보면 먼저 '이스털린의 역설'의 경우 '일정 수준'이라고 하는 소득 수준을 넘어선 이후에는 돈과 행복과의 상관관계가 크게 나타나지 않았으나, 소득이 일정 수준에 이를 때까지는 돈과 행복과의 관계가 비례해서 커지는 것으로 나타난 것이다. 그리고 부탄의 경우에도 경제 발전과 함께 급격한 도시화가 진행이 되고 자본 계층이 증가하면서 소득 격차가 크게 벌어지자 전체적인 국민 행복도가 곤두박질했다고 한다. 돈은 결코 우리를 행복하게 해주는 충분조건은 아니지만 최소한의 필요조건이다. 돈에 의해서 나의 삶과 남의 삶을 비교하는 순간에 우리의 행복도는 요동칠 수 있다. 우리는 삶을 살면서 돈이 때로는 우리를 불행하게 하기도 하지만, 돈 이외에 우리에게 행복을 가져다줄 수 있는 것이 무엇이 있을까 생각해 보게 된다.

어느 경제 전문가는 돈으로 행복을 살 수 있는지 제대로 알아보려면 돈이 사라졌을 때 어떤 일이 일어나는지 알아보아야 한다고 이야기하기도 했다. 소득이 일정 수준을 넘어서면 행복감이 줄어들기는 하지만 돈은 여전히 행복을 논하는 데 있어서 가장 기본이 되는 요소임에는 틀림이 없어 보인다. 《우아하게 가난해지는 법》이라는 책에서는 부자의 기준을 "가진 것보다 덜 원하면 부자이고 가진 것보다 더 원하면 가난한 것"이라고 정의하기도 하였다.

동양에서 바라보는 돈에 대한 관점은 좀 다르다. 명리학에서 말하는 돈의 속성은 첫째, '재다신약(財多身弱)'. 즉 돈은 자기 그릇에 맞게 벌어서 잘 써야 한다고 한다. "재산이 300억 원이 넘으면 자기 돈이 아니다"라고 하지 않는가? 즉 돈 관리에 많은 노력이 필요하고, 그러면 삶이 휘둘리기 십상이고 건강이 무너질 수도 있다는 이야기이다. 두 번째, '식신생재(食神生財)'라는 의미이다. 다른 사람의 도움으로 자연스럽게 재물을 얻는 것을 이르는 말이다. 우리 조상들은 집안에 우환이 생기면 재물을 풀어 주변을 기쁘게 하여 좋은 에너지를 당겨온다는 의미로 지혜롭게 해석하여 왔다.

금욕주의 철학자로 알려진 쇼펜하우어는 "돈을 행복이라는 가치로 바꿀 줄 아는 사람이야말로 가장 현명하고 행복한 사람"이라고 설파하였다. "당신의 인생이 왜 힘들지 않아야 한다고 생각하십니까?"라는 삶의 물음표를 던져준 불행한 철학자로 불리는 쇼펜하우어⋯⋯. 그는 여자를 미워해 죽을 때까지 독신을 고집하였고 죽음을 두려워한 나머지 이발사에게 면도를 허락하지 않았고, 극도의 금욕주의를 실천하다가 죽을 때에는 모든 재산을 자선단체에 기부하였다고 한다.

그는 현실적인 철학자로 유명하다. 행복을 내가 아닌 남으로부터 얻으려면 불행해진다고 인생에 대한 그만의 철학을 가지고 있었고, 인간관계에 대해서도 난로와 같이 적절한 거리가 유지될 때 가장 바람직한 관계를 가질 수 있다고 말하였다. 그는 진짜 부자는 자기 자신을 위해서 투자하지만 가짜 부자는 남에게 보여주기 위해서 돈을 쓰고, 필요 이상의 돈을 가지는 것은 오히려 행복의 가치를 떨어뜨린다고 말하였다.

돈이 세상을 행복하게 하기도 하고 불행하게 하기도 하는 것이 현실이다. '치매 머니'라는 기사를 신문에서 본 적이 있다. 치매 노인이 보유한 금융 자산을 치매 머니라고 한다. 일본의 치매 머니는 약 2,000조 원에 이른다는 보도도 있었다. 2023년 한국의 65세 이상 노인의 치매 머니도 150조 원에 이른다는 통계도 있다. 이는 GDP의 6%가 넘는 큰 금액이다.

2023년 현재, 한국의 노인 빈곤율이 38%를 넘어서 OECD 국가 중 가장 높은 수준이라는 통계와 대비도 된다. 치매 머니는 젊은 시절 땀 흘려 번 돈이 주인을 잃은 채 잠자는 상황을 말한다. 돈을 모으는 노력보다도 이를 슬기롭게 잘 써서 자신을 호강시키고 주름진 경제에도 도움을 주는 '지혜로운 돈 쓰기'가 그 어느 때보다 필요한 때이다.

일본 소설가 소노 아야코는 《나는 이렇게 나이 들고 싶다》라는 책에서 "돈이 떨어지면 최후에는 길에 쓰러져 죽을 각오로 마음 편히 돈을 쓰라"고 말했다. 부족함을 느끼면 가난한 자가 되고 여유를 느끼며 살면 부자가 된다고 한다. 그럼에도 불구하고 내 생애의 돈 계획은 꼼꼼히 세워서 적절하게 관리해 나가야 인간의 존엄과 함께 세상에서 나를 잘 지키며 살아갈 수 있는 것이 아닐까?

4. 뿌린대로 거둔다

돈에 관심을 가지다 보니 투자와 투기에 대하여 생각하게 되었다. 투자는 스스로 돈에 대한 철학을 가지고 투자에 임하는 사람을 의미하고, 투기는 투자하는 이유를 모르고 아무 때나 투자를 하는 사람을 말한다고 한다. 노후 대비 주식 투자는 주식이 아닌 저축의 수단이 되어야 한다. 즉 좋은 기업에 오랫동안 투자하고 기업 가치 상승 혜택을 얻는 것을 의미한다. 돈은 불편함을 막아주는 것이 아니다. 자기가 가지고 있는 것에 맞추어 사는 것이 노후를 대비하는 것이라고 한다. 그리고 돈은 일과 보람의 대가로 벌어야 한다고 생각한다. 한편 조지 베일런트는 《행복의 조건》에서 인생은 주어진 시간과 돈을 어디에 쓸것이냐의 문제라고 말했다.

언젠가 '생애 주기별 맞춤형 경제 수지'라는 개념을 접하게 되었다. 우리는 태어나서 26~27세가 되면서 경제 활동을 시작하여 처음으로 개인의 경제 수지가 흑자가 되고, 40대 초중반에 인생 최대 흑자 인생이 된다고 한다. 그러나 사회적 퇴직 기준인 60세가 넘어가면 생애 경제 수지는 다시 적자로 돌아가게 되고, 그래서 우리는 노후를 위한 재테크 등을 준비하여야 한다는 것이다. 그러기 위해서는 투자도 잘해야 하는데 우리가 흔히 접하는 세대별 맞춤형 투자는 물론 교과서적인 가치 투자나 미래에 대한 긴 안목의 투자 등 시대 정신과 자기 자신의 능력과 여건에 맞는 현명한 투자를 하여야 한다. 투자와 관련해 김영익 교수는 투자를 하면서 시대의 흐름에 따라가지 못하면 많은 것을 잃을 수 있다고 힘주어 강조하고 있다. 경제적 측면에서 '잘 산다는 것'은 돈에 구애를 받지 않고 하고 싶은 것을 할 수 있는 상태의 삶을 사는 것을 이야기한다. 그러기에 투자는 우리가 삶을 영위하면서 경제적 삶의 지속 가능성을 담보하기 위해서는 반드시 필요한 경제 행위인 것이다.

부자란, 더 이상 부를 늘리는 데 신경을 안 써도 되는 사람이거나, 통장의 잔고를 확인할 필요가 없는 사람을 말한다. 그러나 그 돈은 분명히 근원이 있고 정당한 대가로 얻은 돈이어야 그 가치가 있는 것이다. 우리는 돈을 삶과 비교하면서 그 의미를 부여한다.

노자는 말하길 "화와 복은 스스로 불러들이는 것이다", 그리고 "선과 악은 뿌린 대로 거두는 것이다"라고 했다. 우리 인생과 돈도 마찬가지라고 생각한다. 《법구경》에는 곡식을 얻으려면 밭을 갈고 씨를 뿌려야 하고, 큰 부자가 되려면 보시를 행하여야 하고, 장수를 하려면 큰 사랑과 깊은 슬픔을 나눌 수 있는 마음을 가져야 하고, 지혜를 얻으려거든 배우고 물어야 한다는 삶의 진리를 이야기하고 있다. 이는 원인이 없다면 결과도 없고 뿌린 것이 있어야 거둘 수도 있다는 삶의 철학을 알려주는 것이다.

노먼 빈센트 필 박사는 "믿는 만큼 이루어진다"고 말하였고, 인생은 대박이 아니고 축적이라고 한다. 오랫동안 꿈을 그리는 자는 마침내 그 꿈을 닮아가고 그 꿈은 현실로 가까이 다가와 준다고 하지 않는가? 미국 경제학자 밀턴 프리드먼도 "세상에는 공짜 점심은 없다"고 강조했는데, 이는 서부 개척 시대 어느 술집에서 술을 일정량 이상 마시면 점심을 공짜로 제공을 한 사례에서 유래되었다. 러시아 속담에는 "공짜 치즈는 쥐덫에만 있다"는 말이 있고, 무료가 세상에서 가장 비싼 것이라는 이야기도 있다. 돈도 인생도 공짜는 없고 뿌린 대로 거두는 것이 진리라고 생각한다.

일본 경영의 신이라 불리는 마쓰시타 전기 창업자 '마쓰시타 고노스케'의 하느님이 주신 3가지 은혜는 우리가 삶을 어떤 자세로 살아야 하는지 알려주는 하나의 살아있는 교과서가 아닌가 생각한다.

첫째, 집이 몹시 가난했던 것 때문에 어려서부터 구두닦기, 신문팔이와 같은 고생을 통하여 세상을 알아가는 데 필요한 경험을 얻었고, 둘째, 태어났을 때부터 몸이 약했었기에 항상 운동을 하고 건강에 힘을 쓴 덕분에 늙어서도 건강할 수 있었다고 한다. 셋째, 초등학교도 못 다닐 정도로 정규 교육의 혜택을 받지 못했던 그는 세상의 모든 사람들을 스승으로 삼아서 질문하고 열심히 배우는 일을 게을리하지 않았다고 한다.

말콤 글래드웰(Malcom Gladwell)은 《아웃라이어》에서 어떤 분야이든 탁월한 경지에 오르기 위해서는 1만 시간의 체계적이고 정밀한 연습과 노력이 필요하다는 '1만 시간의 법칙'을 제시하였고, 일본에서 '검성(劍聖)'이라 불리는 미야모토 무사시도 '단련(鍛鍊)'이라는 단어를 제시하였다.

우리 삶에 있어서 50대는 인생의 후반기로 전환하는 시기이다. 지금까지 살아온 내 인생을 돌아보고 미래를 설계하는 지혜를 가져야 한다. 우리가 인생을 살면서 이겨내야 하는 고난의 총량은 누구나 가지고 있고 이를 인정하며 현명하게 이겨내야 한다. 사람을 얻든 재물을 얻든 상대방에 대한 배려에 의해서 자연스럽게 얻어가는 것이다. 내가 감당할 수 없는 정도의 재물을 욕심내서 취하면 불행이 닥친다. 그리고 욕심을 내면 스트레스가 따라오기 마련이다. 《주역》의 64개 괘 중에서 최고의 괘가 겸손을 의미하는 '겸괘(謙卦)'라고 한다. 뿌린 대로 거두는 것이 삶의 변함없는 진리이자 돈의 철학이다.

5. 돈 모으는 지혜와 상도

조선 후기 거상으로 TV 드라마에도 등장하였던 임상옥은 "장사란 이익을 보기 위해 상대방을 죽이고 나 혼자만 살아남는 행위가 아니다. 어차피 상업이란 사람과 사람의 거래이므로 나도 살고 상대방도 사는 것이 왕도(正道)이다"라고 말했다.

언젠가 '계영배(戒盈盃) 교훈'이라는 글을 읽은 적이 있는데 최인호 선생의 소설 《상도》에 계영배라는 말이 나온다. 주인공 임상옥은 스승이었던 석숭 스님에게서 계영배 잔을 받는다. 그리고 먼 훗날, 조선 최고의 거상으로 우뚝 선 임상옥은 그 교훈을 깨닫게 된다. 즉, 가득 채우면 어느새 한 방울의 술도 남아 있지 않고 넘쳐버리고 7부 정도만 채워야 온전한 계영배……. 그뿐이 아니다. 억지로 가득 채우려는 욕심에서 아무리 많은 술을 부어도 술은 물론 한강의 물을 전부 붓는다 해도 채울 수 없는 술잔! 이것이 계영배다. 그리고 우리에게 삶의 도리를 알려주는 술잔이라고 하지 않을 수 없다.

가득 채움을 경계하는 잔이라는 의미를 가진 계영배(戒盈盃), 모든 고통의 원인이 바로 모든 것을 가득 채우려는 욕망에서 비롯된 것임을 우리에게 알려준다. 그러므로 인간에게 가장 큰 욕망은 물욕이며 가장 큰 만족은 바로 자족임을 깨닫게 하는 이야기이다. 임상옥은 마침내 산사의 새벽 종소리를 들으며 현자(賢者)는 모든 것에서 배우는 사람이며, 강자(强者)는 자기 자신을 이기는 사람이며, 부자(富者)는 자기 스스로 만족하는 사람임을 깨달았다고 한다. 젊은 시절 임상옥은 자신이 일구어낸 모든 부(富)가 자신의 소유물인 것으로 착각하고 있었던 것이다. 그래서 그는 자신이 소유하였던 모든 것이 자기 것이 아니라는 깨달음이 있기 전에는 만족을 모르고 살았던 평범하고도 욕심이 많은 상인이었다.

계영배(戒盈盃)는 과도한 욕심이나 지나친 행동을 경계하고, 균형과 적정함을 유지하는 삶의 중요성을 내포하고 있다. 단순한 음료를 마시는 잔이 아닌 삶의 교훈을 상징하는 계영배는 조선 시대에는 선비들 사이에서 겸손과 절제를 상징하는 도구로 사용되었다고 한다. 계영배는 단순한 술잔이라는 개념보다 중용을 넘어서는 경우, 단순하게 넘치는 것이 아닌 한순간에 모두 잃게 된다는 삶에 대한 깊은 철학적인 의미와 함께 욕심을 경계하라는 도덕적 교훈을 주는 것이기도 하다.

돈 그리고 재산이란 무엇일까? 나는 "인간이 태어나서 세상에 있는 재화의 일부를 잠시 빌려서 쓰고 관리하고 있다가 돌려주고 가는 것"이라고 생각한다. 그리고 그런 돈은 어떻게 모았느냐보다 어떻게 썼느냐가 더 중요하다고 생각한다.

우리에게 돈이란 무엇인가? 그리고 우리는 어떻게 돈을 쓰고 있나? 돈과 신용에 대하여 다시 한번 생각해 보게 하는 일화를 소개하고자 한다.

정주영 회장은 그의 자서전에서, "난 사업을 처음 시작할 때 삼창정미소 오윤근 씨를 찾아가 사업 자금을 빌렸다. 오 영감은 당시 외상을 제때제때 갚았던 신용을 담보로 쌀 한 가마니에 5원 하던 때 거금 3,000원을 선뜻 빌려 주었다. 그러나 공장을 시작한 지 얼마 지나지 않아 화재로 잿더미가 되고 빚더미 위에 빚이 더해졌다. 나는 이미 돈을 빌려 쓴 적이 있는 오 영감을 다시 찾아갔다. 그분은 나의 이야기를 듣자 '그래, 내 평생 사람을 잘못 보아 돈 떼먹혔다는 오점을 남기고 싶지 않으니 다시 더 빌려주겠네!' 하면서 3,500원을 더 빌려주어 사업을 일으켰다"라고 술회했다.

돈을 모으는 지혜는 생활인이라면 누구나 필요한 것이라고 생각을 한다. 부유한 집안에서 태어난 철학자 쇼펜하우어조차도 자산 관리에 관심이 많았고 돈의 중요성을 강조하였다고 한다.

보현 스님은 "속도보다 중요한 것이 방향이다", "잘 나누고 베푸는 방향으로 가면 돈도 따라온다. 돈은 보이지 않는 강한 에너지가 있다. 벌기 위해 일을 하면 돈이 달아난다. 돈을 쫓지 말고 돈을 따라오게 하라. 그리고 재물운의 핵심은 돈을 잘 버는 데 있는 것이 아니라 어떻게 잘 쓰느냐에 달려 있다"고 말했다. 우리가 다 아는 이야기지만 스님의 글을 통하여 다시 한번 그 의미를 돌아보게 된다.

한국의 노블레스 오블리주, '경주 최부잣집 이야기'는 모두가 아는 내용이다.

우리나라에서 3대 부자도 어려운데 12대에 걸쳐 약 400년 가까이 부를 지켜왔다고 한다. 그리고 13대에 이르러 해방이 되면서 재산을 정리하여 나누어 주고 평민으로 돌아갔다고 전해진다. 경주 최부잣집 6대 가훈 중 중요한 내용만을 소개하면 이렇다. 우선, 절대 만석 이상의 재물을 쌓지 마라. 그리고 공부를 하되 진사 이상의 벼슬은 하지 마라. 조선 시대 진사라는 자리는 향토의 봉사직으로 권력과 재물을 다 가지지 말라는 의미였다.

그리고 흉년이 드는 해에는 절대 땅을 사지 마라. 즉 그냥 빌려주고 곡식으로 받아라. 아울러 사방 100리 안에 굶주린 사람이 없도록 하라고 했다. 그 당시 나랏님도 가난한 백성을 구제하지 못하는 상황에서 지역의 부자가 마을 공동체 복지 실현에 그 부를 나누라는 신성한 의미가 아닐 수 없다. 우리 조상의 지혜와 숭고한 부의 철학이 녹아있는 이야기다.

돈은 그 자체로 흐름이고 인연이다. 우리에게 삶이란 세상의 재화를 잠시 빌려 쓰고 가는 것이기 때문일 것이다. 지금 내가 가지고 있는 재산이라는 것도 어찌 보면 세상에 있는 재화의 일부이지 영원히 내가 주인이 될 수 없는 것이다. 따라서 우리는 나에게 와 있는 돈에 대하여 감사와 고마움을 잊지 말아야 할 것이다. 돈에 휘둘리는 삶이 아닌 믿음과 신용을 줄 수 있는 사람이 되어야 한다. 길은 잃어도 사람은 잃지 말아야 한다.

6. 오이디푸스와 숙명과 팔자

그리스 신화에 나오는 '오이디푸스'는 기구한 운명의 대명사로 불린다. 왕의 아들로 태어났지만 '아버지를 죽이고 어머니와 결혼하게 된다'는 신탁 탓에 태어나자마자 산속에 버려진다. 오이디푸스는 요행히 살아남지만 이웃 나라 왕자로 성장해 결국 아버지를 죽이고 왕위에 올라 어머니와 결혼한다. 심리학자 지그문트 프로이트는 아이가 이성 부모에게 무의식적으로 성적 애착을 지니고, 동성 부모에게 적대감을 지니게 되는 심리를 가리켜 '오이디푸스 콤플렉스'라 명명했다.

심리학자인 그는 '신탁 콤플렉스'라는 개념도 제시했다. 신탁에 집착하거나 신탁을 회피하려다 오히려 신탁을 실현케 하는 역설을 가리킨다. 오이디푸스의 비극은 라이오스 왕이 신탁을 따라 아들을 버렸기 때문이고, 아들인 오이디푸스는 신탁을 피하려다 아버지를 죽였다는 게 이야기의 핵심이라고 강조한다.

레오나르도 다 빈치의 《모나리자》가 유명해진 것은 불과 백 년 전일이다. 그 이전 400년 동안 이 그림은 사람들의 관심을 전혀 받지 못했다고 한다. 그러나 모나리자가 유명해진 것은 순전히 운이라고 볼 수도 있다. 1911년 루브르 박물관 잡부가 모나리자를 훔쳐서 고향 이탈리아 미술관에 팔려고 하다가 미수에 그치고 체포되면서 세계적인 뉴스가 되었고, 이때부터 《모나리자》는 말 그대로 엄청난 명성을 얻기 시작했다.

어느 가수는 "팔자는 뒤집어도 팔자"라고 노래하였고, 동양철학에서 "팔자는 내 안의 우주"라고 말하기도 한다. 어찌 보면 사주팔자는 고스톱의 원리와도 비슷한 측면이 있다. 즉 광이 많다고 하여 패가 더 잘 풀리는 것은 아니기 때문이다. 패가 좋다는 의미는 패가 잘 풀리는 데 있는 것이지 내 손안에 무엇을 가지고 있느냐는 부차적인 문제인 것이다. 어찌 보면 운명이라는 것도 내 삶의 희망을 찾아 개척하고 창조하는 과정인 것이다. 운명을 사랑하는 것은 팔자 타령에 빠지지 않고 나만의 삶을 스스로 열어가는 것인지도 모른다. 그리고 운이 좋다는 의미는 억지를 쓰지 않아도 물이 흐르듯이 내 앞에 있는 일들이 잘 풀려 나간다는 의미이기도 하다. 타고난 사주는 못 바꾸어도 팔자는 바꿀 수 있다고 이야기한다. 이 의미는 우리의 삶은 타고난 사주팔자보다도 운명을 어떻게 개척하느냐에 달려 있다고 판단할 수 있기 때문이다. 그래서 자기의 사주팔자를 알고 여기에 맞추어 노력하는 삶을 살면 성공할 수 있을 것이다. 그리고 더 중요한 것은 사주팔자가 개인의 인생길을 알려주지는 않는다. 따라서 우리 스스로가 노력하고 변하는 것이 더 중요하다. 즉 운명은 정해진 것이 아니라 움직이는 것이기 때문이다. 우리가 사주팔자 운을 보는 이유도 행운이 찾아오면 미리 준비하여 행운을 내 것으로 만들고, 불행이 찾아오면 미리 대비하여 불행을 막으려 하는 것이며, 이를 현대적 의미로 해석한다면 우리가 삶을 살면서 노력의 가성비를 높이기 위한 전략적인 노력인지도 모른다. 자신이 빛나는 보석으로 타고난 운명이라 할지라도 그 보석을 빛나게 다듬어 가는 것은 결국 본인의 몫이고, 그렇게 할 때 우리의 삶은 더 빛나기 마련이기 때문이다. 우리가 아무리 좋은 사주팔자를 타고났어도 그것을 갈고닦는 올바른 심성을 가지지 못했다면 우리의 삶에서 운명의 여신은 우리의 편이 되어 주지 않을 것이다.

셰익스피어가 말하길 "시저도 운명의 노예이다"라고 하며, 운명은 키를 잃은 배와 같다고 말하였다. 세네카는 "이 세상 어딘가에 운명의 여신의 손길이 닿지 않은 곳이 있다"라고 믿는 것은 어리석은 잘못이라고 말하였다. 그럼에도 우리가 살면서 겪는 좌절과 불행의 순간에 '그럼에도 불구하고'라는 인생의 희망 회로를 나 스스로 돌려야 한다. 그래야 우리의 삶이 의미가 있고 밝아진다. 우리가 살면서 얻게 되는 좋은 자리는 절대 오래가지 않으며, 오르막이 있으면 반드시 내리막이 있으며 그것이 우리의 팔자이자 인생인지도 모른다.

운명은 외상을 사절한다고 한다. 뒤에서 오는 맹수는 피할 수 있어도 앞에서 오는 운명을 피하지 못한다는 믿음이 아직도 우리의 보편적 생각을 지배하고 있다. 이건희 회장도 "신이 내려놓으라 하면 미련 없이 내려놓으라"고 말했다. 스티브 잡스는 "성공적인 인생을 위해서는 자신의 마음과 직관에 따른 용기가 필요하다"고 말했다. 꽃이 질 때, 노을이 질 때, 사람의 목숨이 질 때, 깊은 슬픔과 자연의 섭리를 통하여 우리는 삶과 숙명을 이해하게 되고 받아들일 줄 안다. 숙명을 알고 따라야 하는 것이 삶의 지혜인지 아직도 궁금하다.

7. 운도 스스로 버는 것이다

운은 밖에서부터 들어오는 것이 아니라 '스스로 만들어 가는 것'이라는 말이 있다. 결국 운은 타고난 것이 아니라는 것이다. 즉, 운을 벌어야 운이 벌린다. 운도 복도 남이 주는 것이 아니라 내가 만들어 가는 것이다. 그래서 우리는 운을 담을 그릇을 스스로 키워야 한다고 한다. 스스로 운을 모아라. 운은 상승하다 하강하기도 한다. 운이 좋아지려면 원한을 사지 말라. 다툼은 좋은 운을 달아나게 한다고 하지 않던가? 운은 인격으로 결정이 되는 것이다. 악행으로 얻은 성공은 오래가지 못한다. 덕을 가진 사람이 성공을 하게 되며 결국 운을 가져오는 것은 사람이기 때문이다.

당신에게 좋은 운이 들어오고 있는가? 좋은 운이 들어오는 징조는 여러 가지에서 여러 형태로 나타난다고 한다. 운이 들어오면 우선 기분이 너무 좋아지고 모든 것이 긍정적으로 받아들여지며, 원하고 바라던 일들이 어느 순간 잘 풀리기 시작한다. 아울러 새로운 사람을 만나는 일이 많아지고 만나는 사람마다 나를 도와주게 된다. 부자들을 만나거나 잘된 사람들을 만나서 좋은 에너지를 얻게 되는 것도 운이 들어오는 좋은 징조 중의 하나이다.

오타니의 '만다라트 이야기'는 최근 들어 더 많은 화제가 되고 있다. 만다라(Mandara)와 아트(Art)의 합성어가 '만다라트'이다. 이는 목표를 달성하기 위해서 전방위적으로 노력을 하기 위한 계획표라고 할 수 있다. 10년 7억 달러의 사나이, 미 프로야구 선수 오타니 쇼헤이는 그가 고등학교 시절 작성해서 실천해 왔다는 '만다라트'가 많은 이들의 입에 오르내리고 있다.

불과 고등학생이었던 그가 미래에 최고의 선수가 되겠다는 생각을 하고 이를 위해서 운이 필요하다고 생각하고, 자신의 운을 벌기 위해서 필요하다고 생각한 8가지 실천 과제를 적어놓고 실천하였다고 하니 '잘될 나무는 떡잎부터 알아본다'는 옛말이 조금도 틀린 말이 아닌 것 같다. 그가 실천한 내용을 보면 우선, 다른 사람들이 흘린 쓰레기는 행운을 줍는다는 생각으로 솔선해서 주웠으며, 주변 사람들에게는 항상 상냥하게 인사를 하고 특히 심판을 존중하는 마음을 가졌다고 한다. 아울러 그는 내 물건이 아니라도 쓰는 물건은 항상 소중하게 다루었으며 운동선수지만 책 읽기를 게을리하지 않는 등 오타니는 운을 스스로 모아왔다는 것이다.

운은 항상 머물러 있는 것이 아니다. 운의 순환은 자기 자신의 노력으로 만들어가는 것이다. 긍정의 언어가 긍정의 결과를 가져온다. 우리가 내뱉는 말 한마디 한마디에 의해 운이 좌우되고 몸에서 나오는 행동에 의해서도 운이 달라질 수 있다. 그러기에 운도 벌어야 한다는 이야기는 결코 운명론자들만의 이야기가 아니다. '일체유심조(一切唯心造)'라는 이야기가 있듯이 운은 타고나는 것이 아니라 스스로 만들어가는 것이다. 즉 운은 내 안에, 내 마음에서 비롯되는 것이다.

2024년 7월 선거 유세 중이던 트럼프 후보는 찰나의 순간 고개를 돌리면서 총알이 그를 스쳐 지나갔다. 순간의 행동이 트럼프를 살린 것이다. 미국의 부자 록펠러도 젊은 시절 기차 시간에 늦어 기차를 놓쳤는데 그 열차는 운행 중 추락하여 많은 인명피해를 냈다고 한다. 이때 록펠러는 신의 섭리를 느꼈다고 이야기하고 그 이후 사업에서 승승장구한 록펠러는 매번 운이 내 편에 서주어서 성공할 수 있었다고 회고하였다고 한다.

1848년경 캘리포니아 농장의 공사 현장 책임자였던 제임스 마셜은 우연히 강에서 사금을 발견하였다. 금이 발견되었다는 소식은 계속 퍼져 일확천금의 꿈을 좇는 사람들이 캘리포니아로 몰려들기 시작했다. 미국의 그 유명한 '골드러시'의 시작. 그러나 일확천금을 꿈꾸며 몰려온 사람 중 그 꿈을 이룬 사람들은 드물었다. 전 세계를 들끓게 한 골드러시의 꿈을 이룬 사람은 막대한 자금으로 광산을 개발할 수 있던 극소수 사업가들뿐이었다.

이때 오히려 큰돈을 벌 수 있었던 사람은 금을 캐던 광부가 아니라 이들을 상대로 장사를 하던 이들이었다. 그런데 이들 중 금광을 개발한 사업가들보다 더 많은 돈을 번 청년이 있었는데 그 청년은 원래 사금을 캐는 사람들에게 텐트를 만드는 데 사용할 천을 팔고 있었다. 그런데 주문 실수로 파란색 염료로 천을 염색해 버렸다. 때가 덜 타는 검은색 천을 원하던 의뢰인은 구매를 취소했고 청년은 엄청난 재고로 남은 파란색 천 때문에 파산할 지경이었다. 고민하던 청년은 당시 금을 캐던 인부들의 바지가 잘 찢어진다는 것을 알고, 텐트용으로 만든 질긴 파란색 천으로 바지를 만들어 버렸다.

비교적 저렴하고 질겼던 이 바지는 날개 돋친 듯 팔렸고 청년은 의류 회사를 설립해 청바지를 브랜드화했고 이 청년이 바로 리바이 스트라우스(Levi Strauss)이다. 그렇게 만들어진 '리바이스(Levi's)'라는 브랜드는 오늘날까지 전 세계 남녀노소 모두에게 팔리고 있다.

이미 잘 알려져 있어서 경쟁이 매우 치열하여 붉은(Red) 피를 흘려야 하는 시장을 '레드오션'이라 하는데 수많은 사람들이 경쟁하고 있던 골드러시의 금광은 이미 시장 가치가 없는 레드오션 중의 레드오션이었다. 하지만 그 와중에도 청바지를 만든 한 청년에게 블루오션이 선물처럼 찾아온 것이다. 작은 발상의 전환과 현명함이 있다면 누구에게든 블루오션이 찾아올 수 있다. 운이라는 녀석은 언제나 준비된 자에게만 자기의 모습을 보여주는 것이기 때문이다.

운도 능력이라고 한다. 행운은 준비된 자에게만 찾아오기 때문이다. 운은 스쳐 지나갈 뿐 결코 머물지 않는다. 지금 당신은 당신을 지나고 있는 운을 잡을 준비가 되어 있는가?

8. 사주는 몰라도 팔자는 바꿀 수 있다

삶, "원하는 대로, 생각하는 대로, 꿈꾸는 대로." 이는 누구나 나의 운명이 이랬으면 하고 꿈꾸는 바이다. 머뭇거리지 말고, 두려워하지 말고, 마음이 원하는 일을 하고, 마음이 원하는 사람을 만나는 것, 그것이 인생이다. 너무나 익숙한 이야기지만 나는 과연 그렇게 살고 있나 돌아볼 일이다.

"인생은 짧더라. 경우에 어긋나지 않는다면 너 자신에게 먼저 집중하고 살아라. 그리고 삶에 후회를 남기지 마세요"라는 말도……

팔자는 내 안의 우주이다. 흔히 사람은 자기 사주팔자에서 가장 강한 것에 망하고 부족한 것에 무너진다고 한다. 즉 사람에게 있어 운이라고 하는 것은 돌고 도는 것인지도 모른다. 우리가 '새옹지마(塞翁之馬)'라는 고사성어를 잊어서는 안 되는 것처럼 말이다.

독일의 시인이자 극작가 베르톨트 브레히트(Bertolt Brecht)는 "당신 스스로 하지 않으면 누구도 당신의 운명을 바꿀 수 없다. 즉 사람은 스스로 자기 운명을 개척해가는 존재이며, 사람의 삶에 있어서 인간의 빛나는 의지와 노력이 중요하다"라고 말했다. 이는 명리학에서 말하는 "꾸준함만이 최고의 개운법"이란 말과 같은 이야기이다.

운은 자기 자신이 만들어 가는 것이라는 얘기가 있다. 명리학에서는 같은 사주팔자를 타고났더라도 사주의 주인공이 자기 삶을 어떻게 이끌어 가느냐에 따라서 그의 삶은 크게 달라진다고 보았다. 예를 들면 사주팔자에 여자 운이 많은 사람이 있는데 누구는 제비족이 되고, 누구는 여학교의 선생이 되어서 많은 여학생을 지도하고, 또 누구는 산부인과 의사가 되어서 여성들을 대상으로 의술을 펼치는 삶을 살 수 있다. 똑같은 여자 운도 어떻게 자기의 삶을 이끌고 발현하느냐에 따라서 운명이 크게 달라질 수 있다는 것을 의미한다. 즉, 타고난 사주팔자보다 더 중요한 것이 자기 자신의 운명을 바람직한 방향으로 이끌고 노력하는 것이다. 운과 행복한 삶도 지금 이 순간 삶에 충실하고 그 운을 자기의 편으로 끌어와서 관리할 수 있는 지혜와 노력을 기울이는 것이 더 중요하다는 의미다.

나는 운이 좋은 사람이고 그래서 세상 사람들과 세상이 내 편이 되어서 나를 응원해 준다는 믿음을 가지고 운의 흐름에 나를 맡겼을 때 좋은 운이 나를 찾아온다고 생각한다. 우리는 스스로 자기 운을 컨트롤할 수는 없지만 우리가 어떠한 마음을 가지고 있느냐에 따라 운은 내 편이 될 수도 아닐 수도 있다. 따라서 운이 내 편이 될 수 있도록 좋은 운을 스스로 만들어 가야 하는 것이다. '긍정의 생각에 마음의 주파수를 맞추어 가면 좋은 운을 가질 수 있다'고…… 좋은 생각과 좋은 느낌이 좋은 운을 가져오는 것이 아닐까 생각한다.

우리는 동양 문화권에 살면서 '팔자와 운명'이라는 단어에 익숙해져 있다. 그리고 "팔자를 바꿀 수 있고 그 주체는 당연히 자신의 몫이다"라는 말도 많이 들었다. 내가 들은 바를 정리하면 다음과 같다.

우선 적선을 많이 하란다. 옛말에 '적선지가 필유여경(積善之家 必有餘慶)'도 이런 의미에서 생긴 말인지도 모른다. 지금도 연말이 되면 대기업 등은 큰돈을 사회에 쾌척하고 기업인들 중에도 통 큰 기부를 통하여 존경을 받는 이도 많이 있다. 서양에도 '노블레스 오블리주'란 말이 있지만 우리나라에도 12대에 걸쳐 큰 부를 이어가면서도 지역사회의 존경을 받았던 '경주 최부잣집' 이야기도 있다.

다음으로 삶의 방향을 제대로 잡아서 그 방향으로 정성스런 마음으로 노력을 해가는 것이다. 세상을 바르게 살 수 있도록 마음 공부를 하고 자기 자신의 삶의 목표를 위해서 하늘이 감동할 정도로 최선을 다해 간다면 꿈은 현실로 바뀌어서 나에게로 올 것이다. 독서나 명상 등을 통하여 자기 자신을 닦고 수양하는 것도 중요하다. 우리는 어쩌면 독서를 통해서 우리의 운명을 바꿀 수 있을지도 모르기 때문이다. 사람의 사주팔자에는 좋고 나쁨이 없다고 하지 않는가. 다만 자기 자신의 삶을 어떻게 바라보고 개척하고 노력하느냐에 달려 있다고 하는 것이 옛 선현들의 한결같은 가르침이다.

항상 날이 맑기만 하다면 온 세상이 사막으로 변한다는 말처럼 인생의 길흉화복은 삶이라는 여정에서 만나는 피할 수 없는 동반자인지도 모른다. 명리학에서도 내게 좋은 운이 들어온다고 해서 다 좋은 것은 아니고 나쁜 운이 들어온다고 해서 다 나쁜 것이 아니라고 가르친다.

삶을 '천혜의 선물'이라며 길지 않은 삶을 산 장영희 교수는 그의 에세이집 《살아온 기적 살아갈 기적》에서 사람은 누구나 운명 자루를 메고 살아가는데, 그 속에는 저마다 똑같은 수의 검은 돌과 흰 돌이 들어 있고, 검은 돌은 불운을 흰 돌은 행운을 상징하고, 우리의 삶은 이 돌을 하나씩 꺼내가는 과정이라고 썼다.

우리 운명은 나로부터 비롯된 것이기에 우리 자신 안에서 삶의 답을 찾아야 한다. 다만 어떻게 자기의 삶에 주인이 되어서 어떻게 인생을 개척하고 지혜롭게 인생의 장애물들을 잘 헤쳐 가느냐에 달려 있다. 우리 인생과 종종 비교되는 마라톤은 32km를 달리고 나머지 10여 km를 어떻게 달릴 것이냐의 문제다. 일상적인 운동을 한 사람들은 32km까지는 달릴 수는 있지만 10km를 더 달리고자 하면 자신과의 처절한 싸움이 필요하고 이겨내야 한다. 인생 또한 이와 다름없다.

사람은 나이가 오십이 넘고 육십이 가까우면 '살아온 길이 살아갈 길'을 결정하게 된다. 따라서 인생길을 이야기하면서 앞으로는 지금까지와는 다른 삶을 살겠다고 하는 것은 어찌 보면 말로만 가능한 일이다. 이 말은 지금까지는 그럭저럭 불충한 삶을 살아왔지만 앞으로는 다른 삶을 살겠다는 이야기와 다름없다. 아쉬움이 남는다는 의미는 꿈과 희망이 살아 있다는 뜻이다. 우리는 삶을 아쉬움이 없는 하루하루로 수놓아야 삶이 더 소중한 가치를 가질 수 있다.

우리 삶의 여정에서 가장 최선의 길을 찾아서 갈 수 있는 지혜를 찾고 발견하는 것은 오로지 자신의 몫이다. 팔자는 뒤집어도 팔자라고 하지만 우리는 지나간 날들에 인생을 담보 잡힐 일도 없고 인생의 무게와 숙명에 노예처럼 끌려가는 인생은 더욱 아니어야 한다.

9. 사람은 자기 그릇의 크기대로 산다

세상에서 성공하려면 자신의 그릇을 먼저 키워서 많은 것을 담을 수 있어야 한다.

사람은 그가 가진 능력과 마음가짐, 그리고 기회와 자기의 그릇 크기에 맞추어 사는 것이라고 한다. 사람은 자신의 그릇을 알고 자신의 그릇만큼 성공하고 재산을 모으는 것이 순리이고 그것이 행복이다. 즉, 사람은 자기 그릇의 크기만큼 인생에서 성공하고 부를 이룬다는 이야기이다.

욕심과 욕망의 덫, 이는 인간의 삶에 있어서 너무나 큰 숙제이자 도전이다. 언젠가 인도의 원숭이 사냥법에 대하여 들은 적이 있다. 인도에서는 단순하면서도 특이하고 쉬운 방법으로 원숭이를 사냥한다고 한다. 원주민들은 원숭이가 많이 서식하는 숲에 원숭이 손이 간신히 들어갈 정도의 작은 주둥이를 가진 항아리에 원숭이들이 좋아하는 과일을 넣어두면, 얼마 후에는 과일을 먹으러 온 원숭이가 도망치지 못하고 잡혀 있다고 한다. 맛난 먹거리가 있다는 사실을 알고 온 원숭이는 항아리에 손을 넣어서 과일을 잡고 손을 빼려 용을 쓰지만 손은 결코 빠지지 않기 때문이다. 과일만 놓으면 손을 빼고 달아날 수 있지만 원숭이는 결코 그렇게 하지 못한다고 한다.

원숭이는 과일을 먹기 위해 자기의 목숨을 담보 잡히는 어리석음을 범하고 있는 것이다. 우리 인간들은 어떠한가? 원숭이만 그런 것이 아니고 우리 인간도 이 원숭이의 과일처럼 달콤해서인지 욕심을 버리지 못하고 마지막 순간까지 놓으려 하지 못해서 화를 치르는 경우가 허다하게 많이 발생하고 있다. 우리도 지금 이러한 욕망의 덫에 걸려서 우리 자신을 구렁텅이 속으로 끌고 가고 있는 것은 아닌지 돌아볼 일이다.

"그 사람의 그릇 크기가 그 사람의 인생의 크기를 결정한다"는데 우선, 자신의 잘못을 솔직하게 인정하고, 타인의 실수를 너그럽게 용서할 줄 알아야 한다. 상대방의 의견이나 가치관을 존중하여 받아들이고 자신의 감정을 적절히 조절할 줄도 알아야 한다. 그릇이 큰 사람은 누구에게나 차별 없이 평등하게 대하면서도 자신은 매사에 여유가 있고 사소한 것에 얽매이지 않는다. 세상은 우리에게 집착이 없이 자연스럽게 내맡겨 보자고 이야기한다. 삶은 집착하면 긴장하게 되고 심각해진다. 집착하지 않고 내려놓는 삶을 살게 되면 전체를 볼 수 있는 혜안도 생긴다.

서태후는 청나라 함풍제의 비로 여태후, 측천무후와 함께 중국의 3대 황후로 불린다. 타고난 재주와 미모로 천하를 사로잡은 서태후는 16살에 후궁으로 간택되었다. 후궁 간택식에서 커튼 뒤에 대기하고 있던 여인들이 환관의 신호에 따라 30초 간격으로 황제의 앞으로 불려 갔는데, 환관의 신호에도 움직이지 않고 있던 서태후가 한참 후에 황제의 눈을 보며 당당하게 걸어 나오자 황제도 그 소녀의 당당함과 영묘함에 끌려서 후궁으로 맞았고 아들까지 낳았다고 한다. 유혹의 고수들은 거절당한 것을 결코 두려워하지 않는다고 한다. 기회가 왔다고 판단되면 서태후처럼 과감하게 자신의 모든 것을 걸 수 있어야 한다. 즉 누군가의 마음을 완전히 사로잡고 싶다면 매몰차게 거절당하는 위험을 우리는 감수해야 한다. 이것은 어찌 보면 어린 나이에도 불구하고 황후가 될 수 있는 자신의 그릇을 가감 없이 보여준 일화가 아닌가 생각한다.

기회를 잃을 각오로 모험을 걸고 자신의 모습을 어필한 당당함에서 그 사람의 그릇 크기를 우리는 읽을 수 있다. 인간이란 결코 실패 없이 성공할 수 없다. 거절에 대한 두려움이 마음속에 존재하는 한 한 걸음도 앞으로 나아갈 수 없다. 사람마다 그릇이 있다고 한다. 미치면 성공을 한다는 이야기도 있고, 포기하지 않고 정성을 다하면 하늘은 스스로 돕는 자를 돕는다고 한다.

한참 전, K-POP 스타 경선의 열기가 뜨거웠던 적이 있었다. 그때의 멋진 심사평이 아직도 기억이 난다. 심사위원이었던 박진영은 "재능 있는 사람이 반드시 성공하고 잘 되는 것은 아니다. 자기 관리를 잘하는 사람이 성공한다"라고 말했다.

상당한 실력의 소유자였음에도 목 관리를 잘못하여 제 실력을 충분히 보여주지 못한 출연자에 대한 안타까움에서 했던 심사평이었다. 옆에 있던 심사위원도 "자기 관리도 실력이다"라는 멘트로 심사평을 더했던 기억이 난다. 자기 관리를 잘하는 것은 자기의 타고난 재능 이상으로 중요한 하나의 실력이라고 할 수 있기 때문이다.

우리는 종종 가치라는 의미에 대하여 생각을 해본다. 이는 돈과 같은 물질적인 것뿐만 아니고 사람은 물론 유무형의 가치에 대하여 평가되는 세상이기 때문이다.

동탄신도시에는 최고 66층의 '메타폴리스'라는 주상 복합건물이 있고, 서울에도 롯데월드타워라는 100층이 넘는 건물이 우뚝 서 있다.

가까이에서는 다른 건물들보다 좀 크다는 정도의 느낌이지만 조금 멀리 있는 산에 올라서 보면 그 웅장함과 가치를 새삼 다르게 느낄 수 있다. 우리 사람도 마찬가지가 아닐까? 조금 멀리서 객관성을 가지고 바라볼 때 그 사람의 진정한 됨됨이와 가치를 느낄 수 있지 않을까? 나는 어느 정도 크기의 그릇을 가진 사람인가?

세상은 사람이 보는 마음의 눈이 어떤가에 따라, 사람의 생각의 크기가 어떠하냐에 따라 그에 걸맞게 사람을 평가하고 임무를 맡기는지도 모른다. 사람은 생각의 한계에 자신을 가두는 어리석음을 범하지 말아야 한다.

다섯. 빛나는 인생의
오후를 위하여

1. 늦게 핀 꽃이 오래간다

"늦게 피는 꽃이 오래간다"는 말이 있는데 인생에 대해서도 나이 오십이 넘으면 인생에 있어 가장 아름다운 꽃이 핀다는 이야기가 있다. 여름이 되어서야 꽃을 피우는 나무, 우리가 잘 아는 배롱나무다. 볕이 가장 뜨거운 여름에 고운 자태로 피어나는 꽃, 한 번 피게 되면 100일 동안 계속 꽃을 피운다고 하여 백일홍이라고도 부른다. 이 나무가 이렇게 오랫동안 꽃을 피울 수 있는 것은 여러 꽃망울이 이어가면서 계속 꽃을 피워내기 때문이라고 한다. 예부터 큰 열매를 맺는 꽃은 천천히 늦게 핀다는 말이 있다.

우리가 잘 아는 많은 작가와 예술가들이 인생의 후반전인 늙은 나이에 인생의 업적을 이룬 것은 우연이 아니다. 학창 시절 '이 책에 무슨 이야기가 있을까' 하는 큰 궁금증을 가지고 읽었던 《파우스트》도 괴테가 82세가 되어서야 완성한 작품이라고 한다.

또 다른 시작의 50대, 우린 일찍이 오십 대를 인생의 가을이라고 말하기도 했고 공자는 《논어》 〈위정편〉에서 오십을 하늘의 명을 아는 나이 '지천명(知天命)'이라고 규정하면서 세상의 순리에 거스르지 않으면서 삶을 지혜롭게 살아갈 수 있는 나이로 규정하였다. 그러나 평균 수명이 길어지면서 백세 인생이 우리 입에 쉽게 올려진 이 마당에, 인생 후반전의 시작이라는 새로운 의미를 부여하고 오십 대를 살아야 하지 않을까?

지금까지 우리에게 50대는 은퇴라는 제2의 인생을 준비하는 시기로 일반적으로 인식이 되었다. 그러나 최고의 은퇴는 계속 일하는 것이라는 말이 낯설지 않고 은퇴는 사회가 정하는 것이 아니라 자신 스스로 정하는 것이라고 한다. 열심히 살아온 우리에게 50대는 은퇴라는 나이가 아닌 행복과 열정이라는 단어가 어울리는 나이이다.

늙음은 세월이 주는 선물이라지만 생에 대한 이상과 열정을 놓지 말아야 한다. 피카소 또한 92년 생애 동안 3만 점이 넘는 작품을 남겼다고 한다. 사람은 이상과 목표를 잃어버릴 때 비로소 늙는다는 말처럼 삶의 열정은 나이에 관계없이 오래오래 가지고 가야 한다.

인류 역사를 통해 학자나 예술가들은 제한된 시간과 압박, 그리고 열악한 여건과 어려움 속에서 인간의 창의적 열정과 예술혼을 불태우면서 삶의 에너지를 예술 작품으로 승화하였다. 이러한 작품들이 지금까지 남아서 인류의 역사를 비추고 있는 것이다. 베토벤은 연말 연주회 등으로 바쁜 시간에 짬을 내어 불후의 명곡 '교향곡 5번 운명'과 '교향곡 6번 전원'을 탄생시켰다고 한다.

르네상스의 거장 미켈란젤로는 교황의 묘비 조각이라는 큰 과제를 진행하면서 시스티나 성당의 천장화를 그리라는 명을 받고, 20m의 작업대에서 혼자 500m² 규모의 세계 최대 걸작인 천장화를 완성하였다. 그는 보통 화가들이 엄두도 내지 못하는 $500m^2$ 의 대작을 4년 만에 완성하는 업적을 이루었다.

모차르트는 다른 작업으로 눈코 뜰 새 없이 바쁜 와중에도 《돈 조반니》라는 걸작을 탄생시켰고, 소설가 프란츠 카프카는 보험회사 직원으로 일하면서 새벽과 밤 시간을 활용하여 《변신》이라는 작품을 완성하였다.

마지막 기회라는 의미를 가지는 '라스트 댄스(Last Dance)'라는 단어가 있다. 연기자로서 70년 인생이 멀지 않은 배우 이순재 님은 인터뷰에서 말했다.
"무대는 내 인생입니다. 내가 존재하는 의미죠. 오늘도 내가 이곳에 연습을 하러 오지 않았다고 해 봐요. 나는 집에서 드러누워 자고 있을 거 아니에요? 내가 생명을 유지하는 터전이 바로 무대예요. 살아가는 이유이기도 하고요."
그리고 그는 "우리 나이야 당연히 라스트 댄스를 기다리는 거죠"라고 노(老) 연기자로서 열정을 드러냈다. 누구보다 잘 알려진 배우이지만 이 노배우도 난관이야말로 인생의 거름이라고 하면서 연기를 위해 하루하루를 살아온 날들이 더해져서 오늘의 연기자 이순재가 되었다.

우리 사회에서 일반적으로 정해 놓은 정년은 60세이다. 정년 이후의 삶을 우리는 제2의 인생이라고 하고 '리타이어(Retire)'라고도 부른다. 리타이어는 타이어를 새로 갈아 끼우는 것이며 인생을 다시 리플레이하는 것이다. 최고의 은퇴는 은퇴를 하지 않는 것이라 한다. 이 사회에 짐이 되지 않고 여전히 사회 구성원의 일원으로 사회에 도움이 되는 역할을 하며, 세상의 중심에 있지는 않지만 생산의 주체로서 역할을 다하면서 세상에 남아 있어야 한다.

"내가 행복한 것이 자식을 도와주는 것이다"라는 말처럼 자식과 사회에 부담이 되지 않는 여전히 건강한 사회의 구성원으로 역할을 계속하여야 한다. 오늘이야말로 우리가 살아 있는 날 중에서 가장 젊은 날이다. 그래서 오늘이 소중하고 잘 살아야만 한다. 잘 살아야 삶의 후회를 줄일 수 있다. 그래서 오늘 이 순간에 나의 삶을 걸어야 한다. 우리는 누구나 열심히 살아왔다. 골프계의 전설로 불린 아놀드 파머는 "최선을 다하면 항상 성공할 수 있는 것은 아니지만 항상 만족스럽게 끝낼 수 있다"고 말했다.

'오마하의 현인'이라 불리는 워렌 버핏(Warren Buffett)도 그의 자산 95%는 60세 이후에 이루었다고 한다. 만족(滿足)의 한자적 의미는 '찰 만(滿)'에 '발 족(足)'으로 발목 정도면 충분하다는 의미이다. 발목 정도만 채워도 충분히 만족할 줄 안다는 의미와 정신적·심리적 만족감을 표현하는 의미로 해석할 수 있다. '만족'이라는 한자의 의미를 해석해 본 것처럼 우리 삶도 그렇지 않을까 하는 생각을 해본다. 늦게 성공하는 것이 낫다는 이야기가 있다. 옛말에 '소년 등과는 불행의 시작'이라는 말이 있고, '인생 대박은 쪽박의 지름길'이라고도 한다. 누구에게나 기회는 오기 마련이고 나이 오십, 육십도 절대로 늦지 않은 것이다. 단, 그 기회를 만드는 것도, 그 기회를 잡는 것도 바로 자신이다. 늦게 핀 꽃이 더 아름답고 오래간다는 이야기를 잊지 말자.

2. 내 인생의 가을이 오면

시간이 촉박한 늦여름 매미는 아침부터 울어대고 여생이 촉박한 노인은 새벽부터 심란하다. 사람은 심신이 피곤하면 휴식 자리를 찾고 인생이 고단하면 안식의 자리부터 찾는다고 한다. 아무 느낌 없이 읽었던 글인데 어느덧 내게도 새로운 느낌을 주는 글이 되었다. 나도 이제는 나이가 들었단 말인가?

50세는 오직 나를 위해서 살아야 하는 나이이다. 《논어》에서 50세를 하늘의 명을 깨닫는 나이라 하여 '지천명(知天命)'이라고 부른다. 과거에 대한 후회는 그저 감미로운 추억일 수도 있다. 과거 후회는 그저 추억으로 인정하고 나이 들면 스스로 변화를 만들어가야 한다. 먼저 자기 자신의 가치를 인정하는 것이 중요하다. 남에게 신경을 쓰는 것을 줄여가야 한다. 내 열정과 노력으로 안 된다면 팔자소관으로 치부하고 마음의 상처를 최소화할 필요가 있다. 나의 행복은 주위의 작은 것들과 일에서 오는 것이기 때문이다.

우리 인생은 어찌 보면 추수가 다 끝난 시골의 한적한 들녘을 자동차를 타고 지나가는 것과 마찬가지이다. 너무 잘살려고만 애쓰지 마라. 인생의 파티는 계속되지 않는다. 우리 사람이 타고난 복 중의 최고 복은 만남의 복이다. 인생의 가을이 오면 좋은 사람과 즐거운 마음, 그리고 행복한 에너지와 자주 만나야 한다.

50대 이후에는 몸을 쓰는 운동, 여행, 각종 체험과 마음을 쓰는 음악, 명상, 사랑 등을 가까이해야 행복할 수 있다고 하지 않는가? 일본의 디자이너 하라 켄야는 인생의 피크는 지력과 체력이 다 뒷받침되는 65세라고 말하고, 행복이란 여전히 하고 싶은 일이 있는 것이라고 했다.

'여유와 기다림'은 인생의 가을에 갖추어야 하는 최고의 미덕이다. 우리는 때와 때 사이를 시간(時間)이라고 하고, 곳과 곳 사이를 공간(空間)이라고 하며, 사람과 사람 사이를 인간(人間)이라고 하였을까 곰곰이 생각해 볼 일이다. 사이가 있어야 시간이고 공간에도 사람 사이에도 간격이 있어야 한다. 한겨울에 입는 스웨터에도 털실 사이에 따뜻한 공기가 있기에 우리가 옷을 입을 때 따스함을 느낄 수 있는 것과 같다. 사이가 갖는 시·공간적 의미가 우리의 세상을 여유 있게, 또는 사람 사이를 따뜻하게 지켜내는 버퍼로서 역할을 하고 있는 것이다. 가을이면 황금 들녘으로 바뀌는 들판의 곡식이 우리에게 어떤 지혜를 가져다줄까? 우리가 주식으로 먹는 쌀, 이 한 톨의 쌀도 이른 봄부터 뜨거운 여름을 지나 늦가을까지 86회 이상의 농부의 손길이 닿은 땀과 노고의 결과물이자 기다림의 산물이라고 한다. 우리 인생의 가을도 또한 마찬가지가 아닐까?

일본 정신건강의학 전문의로 우리에게 널리 알려진 와다 히데키는 《80세의 벽》이라는 책에서 이렇게 말하고 있다. 우리가 나이 60이 되면 마인드셋이 필요하다. 즉 인생의 전환점은 우리가 그냥 기다린다고 어느 날 갑자기 오는 것이 아니라 어떻게 마음먹느냐에 달려 있다. 그래서 우리는 기존의 틀에 박힌 사고방식에서 벗어나서 생각의 유연성을 가지고 삶의 중심에 나를 놓고 이 순간을 기꺼이 즐기는 열린 마음을 가져야 한다. 그래야 사소한 일에서 겪는 사소한 갈등을 최소화할 수 있고 이기고 지는 일에서도 연연하지 않는 넓은 마음을 가질 수 있다.

그는 《70세의 정답》이라는 책에서도 인지 장애는 60~70대에 어떻게 사느냐에 따라 올 수 있는 것이고 80대에 들어서면 서너 명 중에 한 명은 피할 수 없는 질환이라고 말한다. 기억력이 떨어지는 것은 나이보다도 머리를 쓰지 않아서라고 한다. 즉 기억하려는 의지가 나이보다 더 중요하다는 이야기이다. 이외에 긍정적 사고가 도파민 분비를 늘려준다는 것, 뇌를 단련하기 위해서는 공부하는 노력을 유지해야 함도 기억하자.

흔히 우리는 인생에도 속도가 있다고 이야기한다. 즉 나이가 든다는 것은 삶의 속도를 실감하고 느끼면서 사는 것이라고 한다. 10대 때에는 10km, 30대 때에는 30km로 가고 나이가 80이 되면 80km로 간다고 한다. 시간 가치는 나이에 관계없이 똑같은 것이지만 누가 어떻게 느끼느냐에 따라 크게 달라질 수 있다고 한다.

나이가 드는 것을 병이라고 진단하는 의사도 있다고 하지만 우리는 나이 듦을 무겁게 생각하기보다는 자연스러운 것으로 받아들여야 한다. 즉 나이 듦을 담담하게 생각하는 마음의 자세가 필요하다. 사람은 사회적 동물이다. 하나보다는 둘, 둘보다는 셋, 그리고 가족이 되고 사회가 되고, 이러한 사회가 모여서 국가가 되는 것이 당연한 이치이다. 들판에 핀 꽃들도 함께 어울려서 필 때 더욱 아름다운 것도 같은 이치가 아닐까 한다. 그리고 한 개인의 삶이 즐겁고 행복해지면 우리 가족도 우리 사회도 더욱 밝아지고 행복해지는 것은 당연한 이치가 아닐까?

인생도 정상보다는 7~8부 능선이 더 좋다는 이야기가 있다. 당신이 7~8부 능선에 있다면 삶의 후회를 남기지 말고 사랑하는 데 이유를 남기지 마라. 희망을 살리면서 행복의 에너지와 함께 가는 인생길을 가야 한다. 프랑스 작가 앙드레 모루아는 "나이를 먹는 기술이란 희망을 유지하는 기술"이라고 말했다.

3. 황금률의 인생법칙

누군가 나에게 해주었으면 하는 것이 있다면 내가 먼저 그것을 해주어라. 그러면 그것이 내게 다시 돌아온다는 이야기가 있다. 《신약성서》 〈마태복음〉 7장에는 남에게 대접을 받고자 하면 원하는 대로 남을 대접하고 내가 싫어하는 일은 아무에게도 행하지 말라고 하는 '황금률의 법칙'이 나온다. 이 문구야말로 우리가 세상을 살면서 사람과의 관계에서 가장 먼저 실천하고 기억해야 하는 가장 중요한 덕목이 아닌가 한다.

우리의 삶은 선물이라 하는데, 학창 시절 감명 깊게 읽었던 오 헨리의 《크리스마스 선물》이라는 소설이 생각난다. 가난한 젊은 부인 '델라'가 크리스마스를 맞아서 곤궁한 처지에 남편의 선물을 마련하고자 아끼던 자기 긴 머리를 팔아서 남편의 시곗줄을 마련했으나, 반대로 남편은 시계를 팔아서 사랑하는 부인의 예쁜 머리핀을 마련하여 선물하였다는 감동적인 이야기다. 겨울에 창가에 내리는 눈을 보면서 읽었던 기억이 아직도 살아 있다.

옛날에 나이 지긋한 최 씨 성을 가진 백정이 시장에서 푸줏간을 열고 있었다. 어느 날 한 동네에 사는 양반 둘이서 고기를 사러 왔다. 첫째 양반이 말하기를 "야 이놈아, 돼지고기 한 근 다오" 하니, "예, 그러지요" 하고 백정은 고기를 떼어주었다. 두 번째 양반은 상대가 비록 천민이지만 나이도 든 사람이고 하여 점잖게 부탁을 했다. "여보시게 최서방, 여기 고기 한 근 주시게나"라고 하니, "예, 그러지요. 고맙습니다" 하고 백정은 기분 좋게 대답하며 고기를 듬뿍 잘라 주었다. 먼저 고기를 산 양반이 곁에서 지켜보니 같은 한 근인데 자기 고기보다 갑절은 많아 보였다. 그 양반이 화가 나서 말하길 "야 이놈아, 같은 고기 한 근인데 왜 이리 차이가 나느냐"고 따지게 되었다. 이때 백정이 침착하게 대답을 하였다.

"그거야 손님 고기는 '놈'이 자른 고기이고, 이 어른 고기는 '서방'이 자른 고기이니 차이가 당연히 나지요."

오는 말이 고와야 가는 말도 곱다고 말 한마디에 천 냥 빚을 갚는다는 옛말이 있듯이 우리가 내뱉는 말 한마디에도 인격과 품격이 묻어난다는 사실을 기억하자. 옛날에는 '이놈'과 '서방'이라는 단어가 고기 근수를 결정했지만 지금은 말 한마디가 그 사람의 인격과 품위를 결정한다.

우리 조상들은 사람이 가지는 여러 가지 복 중 '인복'을 제일로 쳤다. 그렇다면, 인복을 좋게 만드는 법이 따로 있을까? 우선, 자기에 대한 믿음으로 자신의 가치를 높이고, 자신이 부족한 부분을 채우는 노력을 지속적으로 하는 것이다. 아울러 긍정의 언어를 사용하고 긍정적인 생각을 하는 것을 무엇보다 중요시했다. 그리고 상대에게 받고 싶은 만큼 먼저 베풀어라. 그것이 바로 황금률의 법칙이고 인생을 잘 살 수 있는 '삶의 원칙' 중의 하나였던 것이다.

살면서 고마움을 많이 느낄수록 더 행복해진다고 하지 않는가? 그러면서 남에게 고마움을 베풀면, 남은 물론 나도 같이 행복해지는 것이 아닐까 한다. 누가 나에게 해주었으면 하는 것이 있다면 내가 먼저 그것을 해주면 나에게도 결국 다 돌아오는 것이라는 성경의 문구가 이를 잘 설명해 준다.

성철 스님은 "내가 저 사람을 편안하게 해주고 베풀어야겠다는 생각으로 결혼을 하면 문제가 없으나, 덕을 보겠다는 생각으로 결혼을 하면 많은 갈등이 야기된다"고 말했다. 기대 또한 생각하는 것보다 반으로 낮추면 가정이 평화로워진다. 재력과 권력 그리고 매력까지 갖춘 사람이 자기 남편이기를 바라거나, 미모와 지성을 다 갖춘 여성이 자기의 아내이기를 바라는 것은 현재 만난 인연에 대한 불평과 불만만을 키울 따름이다. 우리의 삶도, 삶이 내게 주어지지 않은 것을 불평하기보다는 삶이 내게 준 것을 소중히 여기고 감사할 줄 아는 덕을 갖추는 일이 행복의 지름길이다.

말은 그 사람의 향기라고 한다. 프랑스 휴양 도시 니스의 한 카페에 있는 커피 가격표는 이렇다.
"Coffee : 7유로"
"Coffee please! : 4.5유로"
"Hello, Coffee please! : 1.5유로"
우리말로 바꾸면, "커피"라고 반말하는 사람은 1만 원을, "커피 주세요"라고 주문하는 사람은 6천 원을, "안녕하세요. 커피 한 잔 주세요"라고 하는 사람에게는 2천 원 정도만 받는다는 얘기다. 기발한 가격표를 만든 주인은 손님들이 종업원에게 함부로 말하는 것을 보고서 말

한마디를 예쁘게 하는 사람에게는 똑같은 커피를 5분의 1 가격으로 마실 수 있도록 한 것이라고 한다.

옛말에 농부가 콩을 3개 심는 까닭은? 하나는 하늘의 주인인 새의 몫이고, 다른 하나는 땅속의 벌레의 몫이며, 그 나머지 하나는 사람의 몫이라고 생각했기 때문이라고 한다. 우리 조상들은 농사를 지으면서도 콩 한 알에도 '삶의 황금률의 법칙'이란 철학이 숨어 있었던 것이다.

우리 삶은 낭과 패와 같은 삶이 아닌가 생각해 본다.

낭패(狼狽)는 전설상의 동물이다. 낭(狼)은 태어날 때부터 뒷다리 두 개가 없거나 아주 짧아서 제대로 걷지 못한다. 패(狽)는 앞다리 2개가 없거나 짧은 동물이었다. 따라서 낭과 패는 둘이 꼭 달라붙어서 떨어지지 않아야 온전히 하나의 동물로 활동하고 움직일 수 있다. 어쨌든 둘은 항상 붙어 있어야 하고 만일 서로 떨어지는 날이면 그야말로 낭패요 큰일인 것이다. 그래서 낭과 패가 서로 떨어져 아무 일도 못하게 되는 경우를 우리는 낭패라고 한다. 우리 삶에서 주고받음이란 바로 낭패와 같은 것이 아닌가 생각을 한다.

남에게 호의를 받으면 호의를 베푸는 경향이 있다는 '오찬 효과'라는 이야기도 있지만, 만해 한용운 선생은 〈언젠가〉라는 시에서 "언젠가…… 감격하지 못할 때가 옵니다. 마음을 숨기지 말고 마음껏 표현하면서 사세요"라고 말하였다. 베푸는 마음, 사랑하는 마음을 미루지 말고 표현을 하면서 살자.

4. 나이를 먹는다는 것

누군가는 말했다. 나이를 먹는다는 것은 홀가분해지는 것이다. 나이를 먹는다는 것은 용서할 일이 점점 더 많아진다는 의미이기 때문이라고······.

생물학적으로 노화, 늙는 것은 죽음으로 가는 과정이 아니라 환경의 변화에 적응해 가는 과정이라고 한다. 나이를 먹는다는 것은 진정 어떠한 의미일까? 삶, 그것은 한 사람의 인생 역사가 만들어지는 일련의 과정이다. 그러기에 사람들은 말한다. 풀잎 하나에도 상처가 있는데 사람이 생채기 하나 없다면 삶의 의미를 잘 모르는 사람이다. 그리고 세월은 그냥 흘려보내는 것이 아니고 추억을 쌓아가는 것이다. 젊은 이는 이상과 희망을 먹고 살지만 나이가 들어가면 추억을 먹고 살기에 이르는 말일 테다. 아름다운 기억 속에 세월이 덮이면 삶에 추억이 소복소복 쌓이는 것이다. 그 옛날 앨범에 사진 한 장 한 장을 끼우면서 기억 속에 남기려 하던 것처럼 말이다.

우리나라의 가황이라 불리는 가수 나훈아 님은 은퇴 공연을 진행하면서 "저는 아직 더 할 수 있습니다. 그래서 마이크를 내려놓는 것입니다"라고 이야기했다. 58년의 가수 인생을 마무리한다는 그는 은퇴 후 어떻게 살 것인지에 대해 "저 다리 멀쩡할 때 저 하고 싶은 거 할 낍니다. 여러분도 하고 싶은 거 하면서 사셔야 합니다. '쎄 빠지게' 열심히 번 돈 다 쓰고 죽어야 됩니더"라고 힘주어 말했다. 그의 이야기처럼 그의 노래 가사처럼 걷다가 보니 그가 여기까지 온 것이 아닌가 생각한다. 그가 말했듯이 그가 부른 노래 가사가 그의 인생 스토리인 것처럼…….

설렘이 없으면 살아 있는 것이 아니라고 한다. 나이가 든다는 것이 두려운 것이 아니라, 삶의 열정과 설렘이 사라지는 것이 더 문제이다. 사람은 나이가 들어서 늙는 것이 아니고 꿈과 희망을 잃어버린 순간 나이도 들고 늙는 것이라고 한다. 존 러스킨도 인생은 흘러가는 것이 아니라 채워지는 것이라고 힘주어 말했다. 꿈이 있다면 잠시 길을 잃을 수는 있어도 방향을 잃지는 않는다고 한다. 젊어서는 능력이 있어야 살기가 편하고 늙어서는 존경을 받아야 살기가 편하다. 성숙한 사람은 자신이 하는 일을 좋아하고 그렇지 않은 사람은 자신이 좋아하는 일만 하려고 한다. 숫자를 더해가는 나이 앞에서 다시 새겨볼 이야기다.

인간이 살아가면서 가져야 하는 마음이 초심, 열심, 뒷심이라고 한다. 삶은 결과를 논하기에 앞서 나이를 먹어가는 과정이 그 무엇보다도 중요하다. 인생은 그 목적, 목표, 성공이라는 단어보다 여정이 더 중요하기 때문이다.

멋진 인생 후반전을 위해서 자만하지 말고 학습하며, 멘토와 같은 좋은 스승을 만나라고 한다. 그리고 자기 브랜드를 개발하고 세상의 흐름에 자기를 맞추어 가는 노력이 그 무엇보다도 중요하다. 삶은 해결해야 하는 문제가 아니고 겪어야 하는 현실이기 때문이다. 세월과 세상은 말한다. 50대와 60대가 나이 들었다고 한탄하는데 한 20년이 지나고 보면 지금 그 시절이 한창때였음을 알게 된다고…….

그 사람의 얼굴이 그 사람의 역사라고 한다. 코코 샤넬이 말한 것처럼 20세의 얼굴은 하늘의 선물이고 50세의 얼굴은 자기의 인생과 책임이 쌓인 공덕이기 때문이다.

하루는 지나가는 것이 아니라 쌓이는 것이고, 세월은 흘려보내는 것이 아니고 채워가는 것이다. 우리가 나이가 든다는 의미는 지금까지의 삶이 한 발 한 발을 내딛는 데에만 집중했다면, 이제는 걸어온 지난 인생을 다시 뒤돌아보고 자신을 가다듬어야 할 때임을 우리에게 말해 주는 것이다.

우리가 어디서 어떤 일을 하느냐보다 어떠한 마음으로 어떤 일을 하느냐가 더 중요하다. 세상이 주는 시련은 인생길에서 피할 수 없는 숙명이며 이를 극복하는 일은 인간이 가질 수 있는 최고의 복이라는 '전화위복'의 마음자세로 우리는 삶과 마주해야 한다. 늦게 가는 것을 염려하지 말고 멈추는 것을 두려워하자.

인생은 속도에 따라 시간 가치가 달라진다. 같은 1년이라는 세월이 사람에게 주어졌다고 해도 갓난아이에게는 1년이 인생의 전부일 수 있으나 20세의 청년에게는 1년이 살아온 세월의 20분의 1이다. 그러나 50세의 나이에게 1년은 인생의 50분의 1에 불과하기에 빠르기만 하다. 그러기에 나이가 든다는 의미는 시간의 소중함이 더 커진다는 이야기와 다름없다.

CNN이 소개한 '우아하게 늙는 기술'은 자외선 차단 등 꾸준한 얼굴 관리와 운동을 통해 노화를 지연시키는 일, 그리고 자신감을 갖고 우아함을 추구하면서 노화를 자연스럽게 받아들이는 것이다. 우리는 나이를 먹어도 유행을 포기하지 말아야 하며 흰머리에 당당하게 맞서는 마음도 스스로 가져야 한다. 짐 콜린스는 인생의 궁극적인 성공이란 "당신의 배우자가 해가 갈수록 당신을 더욱 좋아하고 존경하는 것"이라고 말했다. 정글과 같은 이 거친 세상에서 우리는 움츠리지 말고 자신의 자리와 자존감을 지켜가야만 한다. 세상은 힘이 센 사람이 강한 것이 아니고, 오래 살아남는 자가 강한 것이기 때문이다.

삶을 가치 있게 산다는 것은 시간을 흘려보내는 것이 아니고 쌓아가는 것이다. 인생은 짧다. 따라서 인생을 소모하지 말고 우리는 하고 싶은 일을 찾아서 그 일을 묵묵히 해가야 한다.

"과거를 후회하지 마라! 즉 지나간 날을 후회하지 마라! '나는 무엇을 해야 하는가'가 인간이 갖는 가장 소중한 가치이다. 가장 중요한 때, 가장 중요한 사람, 가장 중요한 일을 기억하라. 그리고 자신이 가진 것에 행복해할 줄 아는 사람이 진정한 부자이다."
이것은 톨스토이가 《인생론》이라는 이름으로 우리에게 전해주는 맞춤형 인생 메시지이다.

5. 살아온 길 그리고 살아갈 길

사람은 나이가 오십이 되고 또 육십을 넘어가면 살아온 삶이 앞으로 살아가야 할 삶을 결정한다고 한다. 지금까지 그렇게 잘 살아왔다면 앞으로의 삶은 의심할 필요가 없다. 60대에 이르러 하는 선택과 실천이 우리의 인생을 좌우하고 그 결과에 의해서 우리 인생의 점수는 매겨지는 것이다.

우리 인생에 가을이라 하는 나이 50~60세가 되면 인생관을 바꿔야 하는 때가 되었다고 이야기한다. 우선 자존심을 버려야 한다. 경제적 측면에서 사고는 물론 사회적 측면에서도 선택의 폭이 넓어진다. 다음으로 물질적 잣대로 비교하려는 욕망을 버려야 마음이 편안해진다. 세 번째는 그저 좋아하는 일을 찾아서 해야 한다. 삶은 어찌 보면 있는 그대로 바라보는 것이 그 출발이다. 그리고 행복하기로 마음먹고 결정하고 실천하라. 그것이 나의 인생을 행복한 방향으로 바꾸는 가장 중요한 비결이다. 나의 삶은 남의 삶과 비교하는 것이 아니라 어제의 나와 비교해서 더 나아지고 발전하는 나를 만들어가면 성공할 수 있고 행복할 수 있다. 즉, 삶은 마음의 방향에 따라서 달라지기 마련이다. '일신우일신(日新又日新)' 또한 마찬가지가 아닌가?

나이가 든다는 의미는 살아온 길이 살아갈 길이 된다는 사실이다. 80~90대 어르신들이 50~60대 사람들에게 인생을 살면서 후회스러운 삶을 살지 않으려면 지켜야 한다고 전하는 이야기는 너무나 잘 알려진 것들이다.

그것을 정리하면, 내 곁에 있는 사람에게 감사하지 않았던 것과 자식만을 위해서 희생을 한 것, 그리고 살면서 다른 사람이 나를 어떻게 생각할까 하고 신경을 쓴 것과 너무 열심히 일만 한 것, 이외에도 사랑하는 사람과 충분한 시간을 보내지 못한 것과 기회가 있을 때 여행하지 못한 것, 사람과의 관계에 충실하지 못한 것도 후회를 많이 했다. 그리고 건강의 차이가 인생의 차이를 만든다는 사실을 알면서 건강에 신경을 쓰지 못한 점은 물론, 부족하지 않을 정도의 돈을 모아두지 못한 것까지도 후회했다. 그러나 돈에 집착하게 되면 돈이 따라오지 않는다는 점도 강조를 했다. 자신에게 하는 투자가 손실이 없는 최고의 투자라고 하는데 이는 젊은이들을 위한 이야기가 아니다. 투자는 반드시 미래를 위한 투자가 전부가 아니라고 생각한다. 나이가 들면 현재의 삶이 그 무엇보다 더 중요하기 때문이다. 그리고 우리가 살면서 가장 조심해야 하는 것은 나 자신의 욕망이다. 이는 지나치면 내 삶을 망가뜨릴 수도 있기 때문이다.

나이가 들어서는 하모니(조화)가 중요하다고 생각한다. 일과 놀이가 조화를 이루고 꾸준히 할 수 있는 보람 있는 일이 필요하다. 그리고 친구도 나의 수준과 생각이 맞는 친구는 외롭지 않은 인생길의 좋은 동반자가 되어준다.

나이는 살아온 세월의 날들이고 살아온 기억이며 추억이다. 행복 또한 미래의 목표가 아니고 현재의 선택이다. 지금 이 순간 행복하기로 마음먹고 행복을 선택한다면 얼마든지 행복할 수 있다. 남의 잣대로 나의 삶을 재단하고 판단하지 말아야 한다. 인생은 아이스크림과 같다 하지 않는가? 아이스크림처럼 녹기 전에 맛있게 먹어야 하는 것이 인생이다. 삼시 세 끼 먹는 것이 해결이 된다면 일주일에 적어도 이틀은 내가 좋아하는 일을 나 자신을 위해서 할 수 있어야 한다.

우리는 살면서 무엇을 이루겠다는 생각을 많이 하면서, 어떻게 살아야 하겠다는 고민은 적게 한다. 삶의 자세는 지도가 아니고 나침반이다. 나이가 든다는 것은 지나간 날들보다는 남은 날이 적다는 의미이다. 그래서 현재의 삶이 소중하고 후회가 없는 삶이 되어야 한다. 사람이 늙는다는 것은 나이가 들어서가 아니고 변화를 멈추기 때문이다. 변화하는 사람은 늙지 않는다고 한다. 변화를 멈추면 그때부터 우리는 늙는다는 사실을 잊지 말자.

자주 웃는 삶을 살자. 행복해서 웃는 것이 아니라 웃으니까 행복해진다. 웃으면 복이 따라오고 면역력도 높아지고, 행복은 전염된다고 하지 않는가? 마음의 여유를 가지는 삶을 살자. 나이가 든다는 의미는 세상과 사람들을 이해하는 폭이 넓어진다는 의미이다. 그리고 인생은 음악에서 쉼표와 같은 여유가 필요하다. 그리고 정과 사랑으로 충만한 삶을 살아보자. 불평보다는 긍정의 마인드로 인생을 바라보고, 양보하고 웃어넘기는 마음의 여유가 필요하다. 우리 노후의 삶은 남들을 얼마나 사랑했는지 돌아보는 삶이 되어야 하기 때문이다.

잘 늙어가기 위해서는 오늘에 충실해야 한다. 아름다운 노년은 예술 작품이라고 한다. 그것은 자기 자신만의 몫이다. 어제는 역사이고 현재는 선물이며 미래는 미스터리라는 말이 있듯이 현재가 가장 중요하고 그러기에 선물인 것이다. 이 선물을 만끽하자! 꽃보다 고운 것이 단풍이고 청춘보다 아름다운 삶이 노년이다. 인생에서 성공의 척도는 부와 명예를 얼마나 가졌느냐가 아니고 어떻게 인생을 잘 즐길 줄 알고 삶 속에서 행복을 느끼고 사느냐에 달려 있다.

모든 것은 때가 있는 법, 누릴 수 있을 때 누릴 줄 알아야 삶의 가치가 더해진다. 나이가 들면 들수록 아쉬움은 커지고 삶도 별것 아니라고 하지 않는가?

극작가 버나드 쇼의 묘비명에는 "우물쭈물하다가 이럴 줄 알았다"라고 쓰여 있고, 헤밍웨이 묘비명에는 "일어나지 못해 미안합니다", 스탕달은 "살았다, 썼다, 사랑했다"라고, 그리고 중광 스님 묘비명에는 "괜히 왔다 간다"라고 쓰여 있다고 한다.

"독수리는 날아가지 않는다. 단지 바람을 자연스럽게 탈 뿐"이라는 말이 있다. 우리의 삶도 자신의 앞에 놓인 인생을 편안하게 바라보고 세상의 순리를 따라서 독수리가 바람을 타듯이 살아가면 되지 않을까?

6. 삶에도 필요조건과 충분조건이

나를 먼저 공부하자. 주식 투자를 하려면 시장과 세계 경제 상황 등 경제를 읽을 수 있는 혜안을 가지고 투자를 시작하는 것이 중요하다고 알고 있다. 그리고 세상을 잘 살아가려면 먼저 세상을 공부하고 사람에 대하여도 공부를 해야 한다. 우리 자신의 삶은 어떠한가? 우리 자신의 삶을 잘 살려면 나 자신에 대하여 먼저 공부하고 나 자신을 먼저 파악하고 알아야 한다. 내 성격과 인품은 어떠한지? 사람들과의 관계는 어떠한지? 그리고 부에 관심이 많은 나라면 나의 돈 그릇은 어떠한지 알아야 한다.

변화의 학문이라 불리는 《주역》에서도 내가 누구인지 알아야 어디로 가는지도 알 수 있다고 하지 않았는가? 그러기 위해서는 내가 무슨 생각을 하고 있는지, 그리고 어디에 어떻게 서 있는지 알아야 하고, 그 중심에는 내가 있고 '나'라는 정체성을 아는 것이 그 무엇보다도 중요하다. 그렇다면 우리의 삶에서 필요조건과 충분조건은 어떠한 의미일까?

세상의 다른 동물들과 마찬가지로 사람도 좋아하는 일을 통해서 성취와 행복을 동시에 얻을 수 있다. 우리가 인간으로서 성숙도를 높이기 위해서는 자신을 몰아치는 것 이상으로 충분한 휴식과 여유를 갖는 것이 무엇보다 중요하다. 보통 사람들은 이를 낭비라고 하지만 이는 나를 위한 투자이면서 나를 사랑하는 일이다.

사자가 밀림에서 가장 강한 이유는 가장 용맹해서가 아니라 수많은 맹수가 우글대는 가운데 배를 드러내 놓고 맘대로 낮잠을 즐길 수 있는 여유를 가졌기 때문이다. 우리 사람도 삶에서 휴식과 여유는 반드시 필요한 것이다. 우리가 슬럼프를 극복하기 위해 가장 좋은 방법은 자기를 몰아붙이는 것이 아니라 자신에게 충분한 휴식을 주는 것이다. 우리는 하루에도 많은 사람을 만나면서 안녕하냐고 수없이 안부를 묻지만 정작 우리 자신에게는 소홀히 하고 있지 않은가? 적어도 하루에 한 번쯤은 나 자신에게 안녕하냐고 물어보자. 그리고 수고가 많은 자신에게도 고생했다는 감사의 인사를 전하자. 이것이 삶 속에 자기 사랑을 실천하는 것이고 행복한 삶의 필요조건이다.

중국을 통일하였다는 강태공은 주나라의 정치가이며 병법가로 무왕을 도와 은나라를 멸하고 천하를 통일한 정치인이다. 그가 낚시를 하면서 때를 기다렸다는 이야기가 교훈처럼 전해진다. 즉 세상에 내가 나서야 할 때를 알고 그때까지 여유 있게 기다릴 줄 아는 지혜야말로 인생이라는 세상에서 잘 살기 위해 갖추어야 하는 필요조건이기 때문이다.

생텍쥐페리도 "배를 만들고 싶다면 사람을 불러 모아 목재를 마련하고 임무를 부여하고 분배할 것이 아니라, 그들에게 무한히 넓은 바다에 대한 동경심을 먼저 심어 주라"고 이야기했다. 이러한 이야기들도 우리의 삶에 충분히 적용 가능한 이야기다.

"웃어라! 세상이 너와 함께 웃을 것이다. 울어라! 너 혼자 울게 되리라."

삶의 목적이 행복이라면 웃음은 행복의 문을 여는 열쇠이다. 좋은 일이 있을 거라고 생각하면 좋은 일이 생기듯이 행복할 거라고 생각하면 행복해진다. 행복이란 마음이 따뜻한 사람을 찾아간다고 하지 않는가? 나를 행복하게 하려면 따뜻한 마음으로 누군가를 사랑하여야 한다.

복이란 무엇인가? 복이란 가난한 사람에게 물으면 돈 많은 것이 복이라 하고, 돈이 많은 사람에게 물으면 건강한 것이 복이라 하고, 건강한 사람에게 물으면 가정이 화목한 것이 복이라 하고, 가정이 화목한 사람에게 물으면 자식이 많은 것이 복이라 하고, 자식이 많은 사람에게 물으면 무자식이 복이라고 한다.

복이란 나는 없는데 상대방이 갖고 있으면 복이라는 얘기인데 거꾸로 생각하면 남이 없는 것을 내가 가졌다면 그것이 복이 아닌가? 복이란, 갑자기 큰 행운이 굴러들어오는 것이 아니라, 곤란함과 마음의 근심 없이 평범하고 소소한 삶을 계속할 수 있는 삶이 진정 복 있는 삶이다. 사람은 행복하기로 마음먹은 만큼 행복하다.

우리 삶에서 좋은 일, 좋은 사람, 좋은 삶을 만나려면 어떠한 준비물이 필요할까?

그것은 바로 좋은 '나'이다. 카네기멜런 대학교에서 성공에 영향을 미치는 요인을 연구한 결과 기술과 능력은 15% 정도이고 좋은 인간관계와 공감 능력이 85%라고 정의하였다. 우리의 삶에 있어서 좋은 인간관계야말로 우리 삶의 충분조건이 되는 조건 중에 하나임이 분명하다.

우리 삶에 있어 현실적으로 주어진 환경이 삶의 필요조건이라고 하면 충분조건은 무엇일까? 그것은 자기가 가질 수 있는 스스로의 만족감이 될 것이다. 삶이란 제멋에 사는 것이라 하지 않는가? 그 의미는 행복하기로 마음먹고 결정하라는 이야기와 같은 것이다. 익산 사자암 주지 향봉 스님은 《산골 노승의 화려한 점심》이라는 책에서 "있으면 있는 대로 행복하고 없으면 없는 대로 자애로운 삶, 그것이 내 삶이다"라고 말하였다. 스님의 염불은 생활 염불이라고 한다. 즉 "미안합니다. 감사합니다. 고맙습니다." 이것이 전부인 것이다.

세상에 이런 말을 하면서 산다면 우리는 누구나 행복해질 수 있다. 내 마음의 주인은 밖에 있는 것이 아니라 바로 나 자신이다. 안 보이는 마음을 볼 줄 아는 사람과 읽을 줄 아는 사람은 행복한 사람이다. 그것은 바로 자기 자신이기에 자신의 마음을 다잡고 마음이 원하는 방향으로 이끌 수 있는 사람이 진정으로 행복할 자격이 있는 사람이다. 오늘 삶의 주인공으로서 자유와 행복을 누리며 살아야 할 권리를 가진 것은 바로 나 자신이다.

7. 인생은 아름다운 꽃

잘 사는 삶이란 무엇일까? 열심히 사는 삶과 즐겁게 사는 삶의 조화일 것이다. 명품 인생이란 세상 사람들의 존경을 받는 인생을 이르는 말이다. 우리는 나이가 들면서 오래 사는 것보다 우아하고 품위 있게 늙어가는 것이 더 중요하다는 사실을 느끼게 된다. 누구나 인생이라는 역사 앞에서 좋은 삶을 꿈꾸기 때문이다.

정년퇴직은 세상 중심에서 밀려나 사라지지만 묵묵히 꽃을 피워온 아름다운 인생의 절정을 맞이하는 것이다. 이제 기억이 흐려지고 있지만 나는 퇴임식에서, "나는 회사라고 하는 인생 학교를 졸업하기까지 잔의 절반밖에 채울 수 없는 능력인데 동반자들이 나머지 반 잔을 채워 주었기에 이 자리에 설 수 있었다"고 술회한 적이 있다. 세월의 산을 넘어서 정년퇴직이라는 자리에 선다는 것은 한 개인에게는 영광이자 자부심이다. 정년이란 순간까지 슬픈 날, 기쁜 날, 괴로운 날들이 모아져서 그 자리까지 오게 된 것이기 때문이다.

은퇴는 돈과 함께할 사람, 그리고 시간을 나 스스로 활용할 수 있는 능력을 준비하여야 편히 설 수 있는 무대이자 자리이다. 직장, 직업에 쫓겨 사는 동안 우리는 상황의 지배를 받고 살아간다. 이제는 상황이 아닌 나의 생각에 의해서 나의 삶을 새롭게 가꾸어갈 수 있는 기회를 세상이 내게 준 것이 은퇴이자 정년퇴직이다. 새로운 세상의 무대에서 우리 자신의 인생을 새롭게 디자인하는 것이 은퇴라는 이름의 정년퇴직이기 때문이다.

이제 "퇴직하면 뭐 하고 살지?"라는 것이 공통의 관심사다. 누구는 이렇게 말한다. 건강해야 하니 많이 걷고, 잘 먹어야 하니 치아 관리를 잘하라고. 자식에게 손 벌리지 않을 정도로 돈은 모아두고, 이것도 모자라 이렇게 말을 추가한다. 퇴직 후 외로움에 대비하여야 한다고, 요즘은 돈보다 외로움이 더 큰 문제라고 말한다. 그리고 건강하려면 내가 하고 싶은 일을 적절하게 하라고.

어떤 이는 여기에 자기 관리의 중요성을 역설한다. 자기 관리의 첫 번째는 '신테크'라 불리는 몸 관리라고. 즉 건강이 돈을 버는 것이나 다름없다. 체력이 뇌력을 낳고 내 몸을 건강하게 지켜가는 지름길이다. 이 모두가 맞는 말이다. 건강할 때 가지고 있는 돈은 자산이지만 아파서 병원에 누워 있으면 그것은 유산에 불과할 뿐이라고 한다. 인생은 아름다운 꽃이다. 그러면 축복이 되는 노년은 무엇일까? 지금 우리는 '100세 시대'라고 하는 시대적 흐름을 거스를 수 없는 세상에 살고 있다.

긴 노년이 우리 모두의 삶 앞에 펼쳐져 있는 것이다. 장수하는 삶에는 축복과 재앙이 모두 열려 있다. 선택은 우리 자신들의 몫이다. 요양원에 가면 노년의 실제 모습이 우리를 당황하게 하고, 장례식장에서는 숙연함과 함께 삶을 다시 돌아보게 한다.

그러나 그때뿐, 누군가에게 자신의 삶을 의지해야 하는 노년의 삶과 죽음을 나와는 거리가 멀고도 먼 남의 일처럼 치부하기가 쉽다. 그러나 긴 노년을 축복된 삶으로 만들어 가는 것은 온전히 자신의 몫이다. 즉 노년에 누리는 행복과 마음의 평화는 각자가 자신의 삶을 어떻게 이끌어 왔느냐에 달려 있다.

우리는 존귀한 한 인간으로 태어나서 좋은 삶(Well-being)은 성숙한 나이 듦(Well-aging)과 품위 있는 죽음(Well-dying)으로 완성된다. 행복한 삶의 한가운데 있으면서 가끔은 노년의 우리 모습과 죽음이라는 단어를 떠올려 본다면 지금 우리가 누리는 삶의 가치는 더욱 소중해질 것이다.

함광남 작가는 《100세 은퇴설계 노년 매니지먼트》라는 책에서 노년에 필요한 것은 건강과 경제력 그리고 마음가짐이라 하면서, "50~60대에 안정되고 즐거우면 인생의 80%는 성공했다고 봐도 된다"고 썼다. 우리는 나이가 들면 정년퇴직이라는 도전 앞에 서게 되는데 100세 시대에는 은퇴한 후에도 40년을 더 살아야 한다. 나쁜 포도주를 마시기에는 인생은 짧다고 강조했다. 또한 "우리가 놓치지 말아야 할 것이 공부를 지속적으로 하고, 경제적 안정을 위한 현금 흐름을 확보하고, 정신 건강도 잘 챙겨야 하는 것이다. 취미 생활도 잘만 하면 돈이 되고 남자는 10년을 더 사는 배우자까지도 고려해야 한다"고 말했다.

'석유왕'이라 불리는 미국의 사업가 록펠러는 1839년 뉴욕에서 출생하여 1937년 98세로 사망하였다. 그는 33세에 백만장자가 되었고,

43세에는 미국 최고의 부자가 되었으며, 53세에 이르러 세계 최고의 부자로 등극하였다. 그러나 그는 55세에 불치병에 걸려 시한부 인생을 선고받기도 했다. 어느 날 병원에서 검진을 받기 위해서 휠체어로 이동하던 중, 그는 병원 로비에 걸려 있는 액자에 "주는 자가 받는 자보다 복이 있다"라는 문구를 보고 크게 감동을 받았다고 한다. 이때 그는 로비에서 병원비 때문에 병원 측과 실랑이를 하는 환자를 보고 병원비를 몰래 지불하였는데, 나중에 환자였던 소녀가 건강을 잘 회복하였다는 소식을 듣고 "나는 살면서 이렇게 행복한 삶이 있는지 몰랐다"라는 말을 남겼다. 그 이후에도 나누는 삶을 적극 실천하였고 건강도 극적으로 회복되어 98세까지 장수하였다. 그가 말하기를 "인생의 전반 55년은 쫓기면서 살았지만, 후반기 43년은 정말 행복했다"고 말했다. 록펠러가 '수전노(守錢奴)'라는 돈만 지키는 노예의 삶을 살았더라면 노후에 그러한 행복한 삶을 얻을 수 있었을까?

국민 배우라 불리는 안성기 님은 "암 투병을 한 시간은 일과 삶에 대하여 더 간절해지고 소중해지는 시간이었다"고 말하였다. 아름답고 행복하여야 하는 우리의 소중한 인생에 대한 가치를 새삼 일깨워주는 말이 아닐 수 없다.

노년의 얼굴에서 우리는 그 사람의 삶을 엿볼 수 있다. 편안하고 행복함이 묻어나는 인생의 얼굴을 만들고 싶다면, 우리는 인생에서 감사와 긍정과 만족이라는 정서를 우리 마음에 가득 담고 살아야 한다. 그렇게 산다면 우리 삶은 나날이 행복해질 수 있다. 록펠러가 그러한 삶을 살았듯이, 아름답게 꽃피워야만 하는 우리의 소중한 인생이기에……

8. 우리 인생의 봄은 온다

어느 화창한 봄날, 나무들이 연두색 옷을 초록색으로 갈아입기 시작하고 봄꽃들이 유난히 예쁘게 보이던 날, 어느 친구가 불러내길래 조금의 망설임도 없이 약속 장소로 나갔다. 그렇지만 나는 그 친구를 만나서는 "친구가 나를 불러서 이렇게 나온 것이 아니고, 아름다운 봄이 불러서 봄과 같이하고 싶은 마음에 이렇게 나왔노라"고 이야기했다.

우리의 삶은 어떤가? 아름다운 계절에 중요한 사람들과 행복한 삶을 함께 누리려 이 세상에 온 것과 마찬가지가 아닐까? 즉 세상이 불러서 우리는 온 것이다. 찬바람에 옷깃을 세우고 손을 비비던 날들이 엊그제 같았는데, 어느덧 계절은 어김없이 춘풍과 함께 봄이라는 계절이 되어서 우리에게 온 것이다. 기다리지 않아도 봄은 오고 인생 또한 계절처럼 자연스럽게 우리에게 온다.

성장이 말라버린 시대를 살아가는 세대들은 힘이 든다. 그럴수록 집중해야 하는 것이 현재이다. 시간은 결코 고정되어 있지 않다. 미래는 현재의 노력으로 바꿀 수도 있고 과거는 현재를 기준으로 재해석될 수 있다. 현재를 뜻하는 'PRESENT'의 다른 뜻은 선물이다. 우리에게 허락된 유일한 선물은 현재이다. 두 번의 인생은 없다. 지금 현재가 거름이 되는 과정과 기다림이 있어야 약속의 미래가 온다. 자연의 봄은 시간이 데려다주는 것이기에 기다리지 않아도 만날 수 있지만, 인생의 봄은 씨앗을 뿌리고 물을 주고 정성을 다해야 만날 수 있는 계절이다. 선물같이 주어진 오늘을, 기다리는 봄을 위하여 가장 중요한 밑천으로 잘 활용해야 한다.

사람은 자신의 그릇만큼 성공하고, 재산을 모으는 것이 행복한 것이다. 드라마나 회사에서도 빛나는 주연뿐만 아니라 의미 있는 조연의 역할이 때론 더 의미가 있다. 빛나는 주연은 아니지만 누군가가 오래 기억해 주는 의미가 있는 조연이 더 아름다울 수 있기 때문이다. 그리고 시간이 지나면 '주연'이라는 친구가 자연스럽게 나를 찾아올지도 모른다. 그것이 삶이고 기다리던 인생의 봄이 될 수 있는 것이다. 아름다운 자태를 뽐내는 장미꽃보다 뒤에서 은은한 향기를 뿜어내는 찔레꽃이 더 아름답고 그 향기도 그윽하고 좋다. 삶에 있어서도 빛나는 주연보다 오래도록 행복한 조연이 더 좋을 수 있다.

인간의 행복은 가까운 사람과 좋은 관계를 유지하는 것에서 출발한다. 결핍은 성공을 이루어가는 동력이다. 기다림이란 과정은 성공의 확률을 높여주는 열쇠와도 같은 것이다. 포기하지 마라. 상대가 거절하면 한 번 더 가라. 미치면 반드시 성공하고, 순간순간 최선을 다하면 의미가 있는 인생이 되기 때문이다. 말이 씨가 되고 도전하는 순간 성공 확률은 0%에서 50%로 바뀐다. 즉 포기하지 않는 꿈이 있어야 한다. 인생은 참아내는 것이자 기다림이다. 그래야 빛나는 인생의 봄을 만날 수 있다. 그치지 않는 비는 없으며 비 온 뒤에 땅은 더 굳어지기 마련이다. 시간이 지날수록 술은 더 맛있게 익어가는 것처럼 우리 사람 또한 멋있게 익어가는 삶을 살고 있다면 희망의 봄을 만날 수 있다.

우리가 존경하는 링컨은 많은 역경을 이겨내고 51세가 되어서야 대통령이 되었다. 그의 정치 역정은 성공보다는 실패가 훨씬 더 많았다. 23살 풋내기 정치 지망생으로 일리노이주 주의원 선거에서 첫 패배를 맛보았다. 30대에는 주의회 의장직에 도전했다가 실패로 끝났고, 부통령 후보 지명에서도 고배를 마셨다. 그는 상원의원과 주지사를 못해보고 대통령이 되었지만 많은 실패와 시행착오는 더 많은 성공의 밑거름이 되었다. 사람은 누구나 성공을 바라고 실패를 두려워한다.

우리는 실패를 통해 지혜를 배우고 성공을 위한 연료로 지혜롭게 활용하여야 한다. 성공이라는 목적지를 향해서 멈추지 않고 가는 삶, 그것이 인생의 답을 찾아가는 가장 빠른 지름길인지도 모른다. 긴 세월 자신의 목표를 향한 발걸음을 멈추지 않았기에 그는 대통령의 자리에 갈 수 있었다. 그것이 기다림의 미학이다.

노력하는 사람 모두가 성공하는 것이 아니라는 사실을 우리는 잘 알고 있다. 그러나 성공한 사람들은 기본적으로 노력을 했던 사람들이란 사실 또한 우리는 잘 알고 있다. 성공을 위한 노력은 필요충분조건은 아니지만 필요조건은 된다. 성공을 위해 자기 자신을 채찍질하고 응원하는 것은 성공을 원하는 자의 가장 기본적인 덕목이라 할 수 있기 때문이다.

'반구십리(半九十里)'라는 이야기가 있다. 100리 길을 가려는 사람은 90리를 오고 나서야 반으로 여긴다고 한다. 《시경》에 나오는 말로,

무슨 일이든 마무리가 중요하므로 끝까지 최선을 다해야 한다는 의미이다. 인생은 기다림이라고 한다. 빨리 가는 것보다 멈추지 않고 가는 것이 지혜로운 길이자 삶의 정도인지 모른다. 우리의 삶이 힘들고 지친다 하여도 삶의 열정을 잃어서는 아니 된다. 그래야만 우리는 기다리는 인생의 봄을 만날 수 있고 달콤한 열매를 얻을 수 있다.

"힘들 때 우는 것이 삼류이고 힘들 때 참는 것은 이류이다. 힘들 때 웃는 것은 일류이고 그래서 난 오늘도 웃는다"라는 말이 있다. 인생길이라는 길목에서 만나고 이겨내야만 하는 어려움과 시련, 이것은 따사로운 봄빛을 보기 위해 혹독한 겨울을 이겨내야 하는 꽃나무들과 같이 우리의 숙명인지도 모른다. 여유와 묵묵한 기다림만이 우리에게 따뜻한 봄을 만날 수 있는 기회를 가져다준다.

달팽이도 산을 넘는다는 이야기가 있다. 우리 인생은 먼저 간 사람이 이기는 것이 아니라 끝까지 간 사람이 이기는 것이다. 우리는 살면서 마라톤이 주는 삶의 철학을 이해하여야 하고 '우공이산(愚公移山)'이라는 이야기에도 귀를 기울여야 한다.

중국의 고원 도시 리장(麗江)에는 이런 말이 있다고 한다.
"해는 달리지 않아도 절로 산을 넘고, 세월은 지체하지 않아도 알아서 흐른다."
산다는 것은 달팽이가 나선 산책과도 같은 것이니 무엇이 조급하겠는가? 기다리지 않아도 봄은 오듯이 우리 인생의 봄도 어김없이 우리 곁에 오기 마련이다.

9. 사람과 세상의 징검다리 술

술 이야기를 해보자.

T. 풀러는 바다에 빠져 죽는 사람보다 술에 빠져 죽는 사람이 더 많다고 했다.

플라톤은 "술은 신이 인간에게 준 최고의 선물이다"라고 찬미했으며, 셰익스피어는 "아, 눈에 보이는 술이 정(情)이여, 네가 만일 정당한 이름이 없다면 우리는 너를 악마라고 부를 것이다"라고 말했다.

"한 잔 술을 마시면 근심 걱정이 사라지고, 두 잔 술을 마시면 득도(得道)를 한다네. 석 잔 술을 마시면 신선(神仙)이 되고, 넉 잔 술을 마시면 학(鶴)이 돼 하늘을 날며, 다섯 잔 술을 마시면 염라대왕도 두렵지 않으니…… 이렇게 좋은 것이 어디 있느냐?"
라고 우리 선조들은 술을 찬미했다.

술을 유난히 즐겼다는 동탁 조지훈 선생은 주도(酒道)에는 급이 있다고 하여 18단계로 품을 나누었다고 한다. 술의 참맛을 배우는 사람이라는 1급 '학주(學酒)'에서 시작하여, 9급 '주신(酒神)'에 이르면 마셔도 그만 안 마셔도 그만, 술과 더불어 유유자적하는 경지라고 말하였다. 또한 막걸리를 민족의 술이라 하여 삼도주(三道酒)라 불렀다. 막걸리는 삼국시대부터 빚었다는 기록이 남아 있고, 하늘에 제사를 지낼 때와 각종 애사와 경사에 우리 민족과 함께한 술이라고 할 수 있다.

원래 약주(藥酒)라고 하면 한자 의미 그대로 약효가 있거나 약재를 넣고 빚어서 약성을 갖는 술을 의미한다. 그런데 요즘은 여과하여 만든 맑은 술을 폭넓게 약주라고 부르는데, 귀한 술을 상징적으로 표현하게 되었다. 그래서 '약주 한잔합시다'라는 표현을 흔히 인사말처럼 사용하게 된 것이다. 친구들과 함께하거나 힘든 하루를 마무리하며 마시면 그 진한 맛이 우리를 위로해 준다.

약주에 대한 조상들의 이야기가 있다. 우리 조상들은 귀한 손님이나 좋은 친구가 집에 오면 "약주 한잔하시죠" 하고 정성껏 준비한 술과 음식을 대접했다. 소찬에 불과하지만, 좋은 분위기에서 좋은 마음으로 편안하게 덕담을 나누며 함께하는 술은 몸에도 좋은 약술이 된다는 의미라고나 할까? 그러나 기분이 좋지 않은 상태에서 세상과 사람들을 탓하며 무절제하게 마시는 술은 결국에는 독주가 될 수 있다. 좋은 술을 독주가 아닌 약주가 될 수 있도록 마셔야 하지 않을까?

술은 인생이며 종교라는 말이 있다. 인간이 덜 됐으니 술을 마시는 것이라는 말도 있다. 조지훈 선생의 주선(酒仙)이라는 단어가 떠오름직한 문구이다. 인도에서는 종교 의식 때마다 소마(Soma)주를 마셨다고 하며, 우리나라의 결혼식과 제사 의식에서도 어김없이 등장하는 것이 술이었다. 시인 예이츠는 "술은 입으로 들어오고 사랑은 눈으로 늘어온다"고 하며 술과 사랑에 의미를 부여하기도 하였다.

술 하면 건배가 떠오른다. 건배는 역사적으로 가장 오래된 의식 중의 하나이다. 서양에서는 건배가 독살에 대한 두려움에서 시작되었다고 말하고, 동양에서는 건배가 우의와 친목을 도모하는 의미가 강하다고 한다.

기원전 3세기경 카르타고군이 로마 병사들이 마시는 와인에 마취제를 넣어서 전쟁에 승리했다고 하고, 중국 당나라에서는 식사 후 술잔을 비우는 습관에서 유래하였다고도 한다. 즉 건배가 서양에서는 믿음과 진실의 상징이었다면 동양에서는 친목 도모가 그 목적이었다.

소주는 칭기즈 칸이 아라비아의 알코올 증류법을 배워서 만들었고 우리나라도 고려 후기 원나라에서 제조법이 들어왔다고 한다. 소주는 발효주보다 곡물이 많이 들어서 조선 시대에 소주 금주령이 내려지기도 했다. 당초 소주는 40도가 넘었으나 일제강점기에 희석식 소주가 등장해 지금에 이르렀다.

독일에서는 매년 9월 셋째 주 토요일이 되면 세계 최대의 맥주 축제가 시작되고 수많은 사람들이 모여서 "프로스트(Prost)!"라고 건배하면서 축제를 시작한다고 한다. 비슷한 시기에 프랑스 파리 몽마르트르 언덕에서도 와인잔을 부딪치며 "아 보트르 상테(À votre santé)!"라고 외치며 포도 수확을 축하하는 축제가 시작된다고 한다. 한편 런던에서는 퇴근 시간에 펍(Pub)에 모인 사람들이 "치어스(Cheers)!"라는 건배사와 함께 우정의 술자리를 갖는다고 한다.

건배사는 유럽에서는 주로 "건강을 위하여"라는 의미가 담긴 건배사가 주류를 이루고, 동양에서는 잔을 비우자는 의미가 담긴 건배사가 주로 사용되었다. 건배하는 방법도 서양에서는 건배를 외친 후 약간만 마시는 것이 일반적이나 동양에서는 제의자가 건배를 제의하면 잔을 비우는 것이 예의라고 한다. 건배는 우정과 화합의 상징이다. 술자리에서는 음식에 양념이 들어가야 맛깔나듯이 건배사를 한 번쯤은 생각 해보고 술자리에 임하는 것도 좋을 듯하다.

술은 먹는 시간과 방법이 정해져 있다? '주(酒)' 자를 보라! 물 수(水)자와 닭 유(酉) 자가 합쳐져 술 주(酒) 자가 만들어진 이유는, 닭이 물을 먹을 때 한 모금 한 모금 먹듯이 술은 조금씩 조금씩 음미하면서 천천히 마셔야 한다는 술에 대한 철학이 담겨 있기 때문일 것이다. 시간으로 보면 십이간지 중 유시(酉時), 즉 저녁 여섯 시쯤에 좋은 사람들과 함께 나누는 술이야말로 최고의 술이 아닌가 생각한다.

영국에서는 양주를 오크 통에 넣어서 숙성을 시키는데 보관 후 10년이 지나면 약 25%의 양이 줄고 약 25년쯤 흐르면 그 양이 절반인 50% 가까이 줄어든다고 한다. 이들은 줄어든 양은 하늘로 증발하여 천사가 이를 먹게 되고, 그래서 줄어든 양을 '천사의 몫(Angel's Share)'이라고 한다. "천사와 나누어 마셨기에 더 맛있는 것이다"라고 그들은 생각하는 모양이다.

어느 순간 내가 술을 즐기는 것이 아니라 술이 나를 즐기고 있다는 것을 깨닫는 순간이 왔다면, 이는 술을 경계하여야 한다는 신호가 아닐까?

젊은 시절 선술집에는 이런 멋진 글이 있었다.

제목은 〈술과 사랑, 그리고 친구〉

손이 설레는 것은 '술'이요, 가슴이 설레는 것은 '사랑'이다.
먼저 권하는 것은 '술'이요, 조심해 권하는 것은 '사랑'이다.
몸으로 마시는 것은 '술'이요, 가슴으로 마시는 것은 '사랑'이다.
아무에게나 줄 수 있는 것은 '술'이요, 한 사람에게만 줄 수 있는 것은 '사랑'이다.

마음대로 할 수 있는 것은 '술'이요, 뜻대로 안 되는 것은 '사랑'이다.
비울 수 있는 것은 '술'이요, 채울 수 있는 것은 '사랑'이다.
머리를 아프게 하는 것은 '술'이요, 마음을 아프게 하는 것은 '사랑'이다.

여섯. 행복이야 우리 마음이지

원하는 대로
생각하는 대로
꿈꾸는 대로

1. 내 삶의 관성은

폴란드의 아우슈비츠 수용소에는 이런 말이 쓰여 있다고 한다.
"행복한 마음이 삶을 지속하게 한다."

삶을 쉽게 생각하면 세상이 편해진다고 한다. 좋은 자리는 절대 오래
가지 않으며 오르막이 있으면 반드시 내리막이 있는 것이 우리의 삶
이다. '개구리가 올챙이 적 생각을 못 한다'는 이야기가 있지만 사람은
어찌 보면 더 심하지 않은가 생각한다.

오스카 와일드는 "삶은 복잡하지 않다. 정말 복잡한 것은 정작 우리
자신들이다"라고 말했다. 나는 잘 살아오고 있나? 그리고 내 삶의 관
성은 무엇인가?

외부에서 힘이 가해지지 않는 한 모든 물체는 자기의 상태를 유지하
려고 하는 관성을 가지고 있다. 우리의 삶에도 '관성의 법칙'이 강하게
작용한다. 내 삶의 관성은 무엇인가? 우리는 긍정적인 마음의 변화를
통하여 우리의 삶을 긍정적인 방향으로 이끌어 갈 수 있다. 우리는 행
복하기 위해서 태어났다. 그리고 그 책임과 몫은 순전히 우리 자신에
게 달려 있다. 행복한 마음도 전염된다고 한다. 어제와 똑같은 방식으

로 오늘을 살아가면서 오늘과 다른 내일을 기대할 수 없는 것은 당연한 이치이다. 우리가 더 나은 삶을 살기 위해서는 지금까지 살아온 삶의 관성을 깨야만 한다.

삶은 살아 있는 동안에 자기가 살아가는 것이다. 세상의 규범, 진리나 통념도 중요하지만 이것들에 끌려서 살아갈 필요는 없다. 행복에 이르는 자기만의 단단한 삶의 관성을 만들어 가야 한다.
자전거는 페달을 밟아서 앞으로 나아가야 넘어지지 않는다. 우리 인간 역시 안주하지 않고 움직이고 앞으로 나아가는 관성의 법칙이 적용되는 삶을 살아야 한다. 그리고 그 길은 행복으로 가는 길이어야 하고 그래야 그 길을 잃어버리지 않고 잘 살아갈 수 있다.

어느 강의에서 듣고 정리해 두었던 행복에 이르는 인생 법칙을 소개한다.

하나, 아침에 일어나면 "오늘은 좋은 날이다"라고 하면서 자기 확언을 하라.
둘, 남이 잘될 수 있게 도와주어라. 그것이 내가 잘될 수 있는 비결이다.
셋, 꽃처럼 활짝 웃어라. 내 얼굴이 밝아야 좋은 운이 나에게도 온다.
넷, 자신의 그릇을 키워라. 그 그릇의 크기만큼 재물도 지식도 담을 수 있다.
다섯, 어떤 일이 있어도 기죽지 마라. 기가 살아야 나의 운도 산다.
여섯, 매일매일 마음 청소를 하라. 마음이 깨끗하고 열려 있어야 복이 함께한다.

일곱, 자신을 먼저 사랑하라. 내가 나를 사랑해야 세상도 세상 사람도 나를 사랑해 준다.

무엇인가를 결심한 사람들의 25%는 일주일 안에 포기하고 30일이 지나면 절반이 포기하게 된다고 한다. 반복은 지루한 일이다. 즉 무엇인가를 지속한다는 것은 자칫 지루함에 빠지기 쉽고 이는 포기로 귀결이 되기 십상이다.

그럼에도 불구하고 우리에게는 루틴이 필요하다. 무라카미 하루키처럼 매일같이 같은 시간에 달리기를 하지 않더라도 나만의 루틴을 만들어서 자신을 시험에 들게 해보면 어떨지 도전해 보자. 성공한 사람들의 루틴을 따라서 도전해 보는 것도 좋은 방법이다. 이것이 나를 지키고 아울러 성장시키는 동력이 되지 않을까? 아침마다 짧은 시간을 투자하여 나만의 루틴을 만들어 간다면 변화해 가는 나의 모습에서 더 많은 삶의 의미와 희망을 발견할 수 있을 것이다.

미국의 한 구두 메이커가 새로운 시장 개척을 위해 아프리카로 시장 조사원을 파견하였다. 그는 출장을 마치고 돌아와서 이렇게 리포트했다.
"현지 사람들은 거의 맨발이며, 구두 같은 신을 신지 않는다. 따라서 새로운 시장으로 개척할 필요성이 적어 보인다."
그래서 이 회사는 아프리카 시장의 개척을 포기한 반면에, 같은 시기에 라이벌 회사에서 파견한 아프리카 시장 조사 직원은 완전히 다른 판단을 보고하였다.
"지금은 대부분 맨발이고 당장 구두를 판매하는 데 어려움이 있겠지만, 구두의 장점과 그들의 기호에 맞는 구두를 생산하여 판매한다면 새로운 시장으로서 가능성이 얼마든지 있다.”

이 보고서를 받은 본사에서는 신시장 개척 계획을 수립하여 차근히 시행함으로써 시장 선점의 효과를 단단히 보았다고 한다. 물이 반쯤 채워진 컵을 보고 누구는 “반밖에 남지 않았다”고 말하는 반면, 다른 누구는 “반이나 남았네”라고 상반된 생각을 할 수 있다. 우리는 세상을 살면서 같은 사안을 보고도 긍정적으로 생각하느냐 부정적으로 생각하느냐에 따라 그 결과의 차이는 다르게 나타나고, 우리의 인생 또한 성공과 실패라는 큰 차이는 작은 생각의 차이에서 비롯된다는 사실을 잊어서는 아니 된다.

행복도가 높은 것으로 알려진 북유럽 국가들의 행복 지수가 높은 것은 그들 나라의 높은 국민 소득과 잘 짜인 복지 제도 때문이라고 생각을 하지만, 실은 그들의 삶에 대한 의식이 더 크게 작용한 것이라고 한다. 즉 이들 국가의 사람들은 돈이나 지위, 권력과 같은 삶의 외형보다 일상의 삶 속에서 가지는 행복감이 행복도를 높이는 것으로 나타났다고 한다.

BBC가 2005년도에 발표한 ‘행복헌장 십계명’을 보면 그 내용은 대단한 것들이 아니다. 운동하기, 좋아했던 일 떠올리기, 대화하기, 식물 가꾸기, TV 시청 시간 줄이기, 미소 짓기, 친구에게 전화하기, 웃기, 자신에게 선물하기, 친절 베풀기와 같은 것이다. 평범한 일상 속에서 누구나 실천하고 있지만 간과하기 쉬운 소소한 일들로 구성되어 있다. 이 십계명의 절반만 지켜도 우리의 삶은 어느덧 행복에 가까이 가 있다는 사실을 발견할 수 있다. 여기에는 삶의 어려운 숙제도 없고 돈이나 권력, 명예와 같은 이야기는 전혀 보이지 않는다.

사람이 행복해지려면 좋은 느낌을 가질 수 있는 일에 시간을 보다 많이 투자하라고 한다. 지금 행복하지 않은 사람에게 미래 행복을 기대하는 것은 확률이 지극히 낮은 게임에 불과하다. 마음의 직관에 따라 좋아하는 일을 하는 것이 행복으로 가는 비결이며 행복한 사람에게는 행복한 일이, 불행한 사람에겐 불행한 일이 계속되기 마련이다. 마음의 주파수를 행복이라는 코드에 맞추어 가라. 인생도 스키와 마찬가지로 잘 멈출 줄 아는 것이 중요하다. 멈출 줄 아는 사람이 불행도 피할 수 있고 빠르게 달릴 수도 있다. 기계는 쉬지 않고 일하는 것이 능력이나, 사람은 멈출 줄 아는 것이 능력이다. 행복을 위한 삶의 에너지는 잘 먹고 잘 자는 것도 중요하지만 편안하고 행복한 마음에서 더 많이 얻을 수 있다. 그물에 걸리지 않는 바람처럼, 바람에도 흔들리지 않는 바위처럼 행복이 우리와 함께하기를 나에게 약속해 보자.

2. 행복도 연습이 필요하다

《논어》의 〈옹야편(雍也篇)〉에는 자신의 인생을 잘 즐길 줄 아는 사람이 가장 행복한 사람이며, 가장 성공한 사람이라는 이야기가 나온다. 행복한 삶은 어쩌면 인생의 목적지가 아니라 지금 우리가 가고 있는 인생이라는 길 위에 있는 것이다. 똑같은 인생길을 가는데 누구는 행복하고 누구는 그렇지 않은 것이다.

'구부득고(求不得苦)'라는 말이 있다. 이는 우리가 원하는 바를 얻지 못해서 오는 고통을 이르는 말이다. 우리는 누구나 구하고자 하고, 얻고자 하고, 성공하고자 하고, 행복하고자 갈구한다. 사람은 이러한 욕심을 덜어내고 마음을 비워가야 진정한 만족과 행복이 찾아온다. 우리의 마음은 물과 같아서 흔들리면 아무것도 비칠 수가 없기 때문이다. 행복한 사람이란 명예나 인기, 그리고 돈이나 권력을 가진 사람이 아니라 큰 걱정거리 없이 지금 이 순간을 잘 즐길 줄 아는 사람을 이르는 말일 것이다.

김형석 교수는 "행복이란 사랑하는 사람을 위해서 고생하는 것", 즉 사랑이 있는 고생을 행복이라고 했다. 일본 작가 다자이 오사무는 "행복이란 비애의 강물 바닥에 가라앉아 있는 희미하게 빛나는 사금파리이다"라고 했다.

톰 보넷도 인생을 살면서 사람이 정말 행복해지려면 딱 세 가지가 필요하다고 역설하였는데, 그것은 '사랑하는 사람, 마땅히 해야 할 일, 희망하는 것'이라고 말했다.

너무 잘 살려고만 애쓰지 마라. 몸이 편하면 휴식이고 마음이 편하면 행복이다. 그리고 행복은 크기가 아니고 빈도라 하지 않는가? 뭐 대단한 것에서 행복을 찾는 것이 아니라 무탈하고 평범한 삶 자체가 행복일 것이다.

《행복의 기원》 저자인 서은국 교수도 "행복은 강도보다 빈도가 더 중요하다. 어쩌면 대부분의 사람은 이미 행복하고 있는데 다만 그것을 잘 느끼지 못하고 있을 뿐이다"라고 말한다. 그는 이어 행복해지려면 서로 조력을 해야 한다고 말했다. 계단에서, 엘리베이터에서, 지하철에서 마주치는 모르는 사람들과도 서로 행복 신호를 켜고 작은 기쁨을 나눠야 한다. 사람은 서로가 서로에게 반사되는 빛으로 가장 행복해진다는 의미다. 외향적인 사람들이 내향적인 사람보다 행복한 삶을 사는 데 좀 더 유리하다. 즉 다른 사람들과의 관계 속에서 행복은 더 커질 수 있기 때문이다. 대부분의 사람은 충분히 행복하게 살고 있다. 매일매일의 조그만 일상에서 보고 먹고 즐기고 하는 것들이 우리를 행복하게 만들어 준다. 다만 우리는 그러한 사실을 너무 과소평가하고 있는 것이다.

행복한 사람이 평생 가질 수 있는 감정의 총량이 일정하다면 가급적

인생의 초년에는 슬픔, 고통, 어려움을 이겨내고 말년의 행복을 사용하는 것이 좋다. 행복을 너무 일찍 많이 사용하면 나중에 누릴 수 있는 행복이 모자랄 수도 있기 때문이다. 새는 즐거워서 노래를 부르는 것이 아니라 노래를 부르니까 즐거워지는 것이다. 사람도 즐겁고 행복해서 웃는 것이 아니라 웃으니까 즐겁고 행복해진다. 꽃을 좋아하는 사람은 꽃을 꺾지만, 꽃을 사랑하는 사람은 그 꽃에 물을 준다고 한다. 술잔은 비워야 채워지기 마련이고, 마음도 비울 때라야 더 행복해질 수 있다. 나를 비우면 행복이 찾아오고 나를 채우게 되면 불행이 찾아온다.

2019년도 WHO 조사에 의하면, 한국인 평균 수명은 일본, 스위스에 이어 3위로 평균 수명이 83.5세로 나타났다. 서울대 이찬 교수가 행복한 100세를 준비하기 위한 조건에서 제시한 네 가지 요소는 유념할 만하다.

첫째, 건강한 몸이다. 유엔 미래보고서에 따르면 경제 활동이 가능한 역할 수명은 80세, 건강 수명은 100세, 평균 수명을 130세로 예측하면서 문제는 건강 수명과 평균 수명 차이가 커지는 것이다. 따라서 그 어떤 물질적인 것보다 몸을 소중하게 관리하는 것이 으뜸이다.

두 번째는 즐기는 일이다. 즐거운 인생을 위해서는 내가 좋아하는 일, 내가 잘하는 것, 사회적으로 가치가 있는 일들의 교집합을 찾아가는 것이 중요하다. 우리는 삶 속에서 내가 진정 좋아하는 일에 빠져서 즐거움을 얻어야 한다.

세 번째는 평생학습이다. 내가 좋아하는 일, 잘하는 일, 그리고 거기서 행복을 얻으려면 그 일을 잘하기 위한 충분한 역량을 길러야 한다. 배움의 근육도 육체의 근육처럼 단련을 시킬 때 지적 능력 향상은 물론 사고 유연성도 확대시킬 수 있다.

마지막으로 마음챙김이다. 마시멜로 이야기처럼 내일을 위해 오늘을 희생하고, 오늘의 행복을 미래로 미루는 사람들이 많다. 그러나 모든 것은 때가 있는 법, 여행도 취미도 때를 놓치면 후회할 수 있다. 여행도 가슴 떨릴 때 떠나야 행복감이 커지고 취미도 빠르면 빠를수록 좋다. 자꾸 미루다 보면 몸이 여행을 허락하지 않으며, 취미를 즐길 시간은 이미 짧아져 있기 때문이다.

행복은 연습이다. 그리고 행복과 친해져야만 행복할 수 있다. 행복하기로 결정하고 마음먹어라. 성공을 하면 행복해지는 것이 아니라 행복하게 사는 것이 성공하는 인생이다. 그러면 행복해지는 비결은 무엇일까? 우선 감사하는 마음을 품고 사는 것이 가장 중요하지 않을까? 나의 의지와 관계없이 이 세상에 왔지만 내가 먹고 입는 것, 그리고 내 몸뚱어리조차도 우리의 부모님에게서 조건 없이 받은 것이기 때문이다.

프란치스코 교황은 행복해지는 방법으로 '관대해져라, 느리게 살아라, 밥 먹을 때 TV를 끄고 대화를 하라, 일요일은 가족과 함께 쉬어라'는 너무나도 평범한 우리의 일상에 행복의 열쇠가 있음을 알려주고 있다. 괴테가 말하는 행복의 조건도 건강, 인내, 희망, 자비심과 경제적 여유 등이다. '소욕지족(少欲知足)'이라는 말이 있다. 이는 작은 것에 만족을 하면 행복해진다는 말이다.

행복이 왜 이리 쉽지? 그렇다. 어찌 보면 행복이야말로 정말 쉽다. 그런데도 우리는 그것을 놓치고 있는지도 모른다. 즉 남과 비교하지 않는 삶이 행복의 지름길이라는 의미이다. 행복은 내 마음속에 있는데 내 얼굴의 눈썹은 거울을 보기 전에는 보이지 않는 것처럼 말이다. 삶에 만족하고 있다는 의미는 행복하다는 의미이다. 행복도 연습이 필요하다. 자꾸 자기 마음을 들여다보면 우리 행복의 근력은 자연스럽게 커진다.

3. 살아가는 삶, 살아지는 삶

한 심리학자가 공사 현장에서 흥미로운 사람을 발견했다. 모든 인부는 수레를 쳐다보면서 손잡이를 밀고 가는데 한 인부만 앞에서 수레를 끌고 가는 것이었다. 심리학자가 그 이유를 물어보니 인부가 말하길 "수레를 하도 많이 밀고 다니다 보니 꼴 보기가 싫어서 그렇다"고 한다. 수레를 밀고 가는 사람은 평생 수레만 보아야 하지만, 수레를 끌고 가는 사람은 하늘과 땅 그리고 세상을 다 볼 수 있기 때문이다. 내 삶의 주인공은 나 자신인데 우리는 살아가고 있는 것인지 살아지고 있는 것인지 잘 생각을 해야 한다. 누구를 위해서 살고 있다면 '살아지는 것'이고 나를 위해서 살고 있다면 '살아가는 것'이다.

인생을 잘 살고 행복해지는 비결은 무엇일까? 우리는 누구나 행복하게 살 자격이 있는 사람들이다. 그러나 많은 사람이 그렇게 살지 못하고 있는 것이 현실이다. 그러면 그 이유는 무엇일까? 나는 그것이 우리의 마음에 달렸다고 생각한다.

우선 우리는 감사하는 마음을 가지고 살아야 한다. 우리는 살면서 너무나 감사한 일이 많은데 그것을 모르고 산다. 이 순간 편안하게 숨 쉬는 일조차 감사한 일인데 말이다. 먼저 내가 가진 것에 감사하면서 사는 삶이 우리를 행복하게 해준다. 감사하는 마음은 감사함을 일으키고 삶의 긍정 에너지를 만들어 주며, 행복에 이르는 지름길이라 할 수 있다. 감사하는 마음은 메아리처럼 다시 감사할 일이 되어서 우리에게 되돌아온다.

마음 다스림 또한 행복한 삶을 살아가기 위한 중요한 요소다. 마음에서 피어나는 욕심을 내려놓고 마음을 비워내고 가벼이 하는 것은 마음을 평화롭게 함은 물론 행복을 살찌운다. 우리는 너무 많은 부정적인 생각으로 우리 자신을 힘들게 하고 미워하는 마음과 분노로 우리 마음에 상처를 주기도 한다. 마음속에서 나도 모르게 우러나오는 나쁜 마음은 삶을 부정적 방향으로 이끌 수 있으므로 멀리하여야 한다. 미움과 분노를 밀어내고 평화롭고 행복한 마음을 키워내야 한다.

다음으로 '집착 내려놓기'이다. 우리는 사는 동안 많은 것을 추구한다. 돈과 명예, 권력 등등……. 이런 가지려는 마음을 내려놓고 단순하게 살 필요가 있다. 손에 쥔 것이 많아지면 우리의 삶은 무거워지게 마련이다. 꼭 필요한 것만을 갖고 욕심을 최소화하여야 우리 삶이 가벼워진다. 소소한 일에서 행복을 찾는 마음은 오히려 행복의 크기를 더 크게 만든다.

다음으로는 남과 나 자신을 비교하는 일을 삼가야 한다. 행복은 스스로 만족하는 데서 오는 것이다. 그러기에 '나만의 나'로 살아가는 것이 최선의 삶이며 비교는 나 자신을 불행하게 만드는 씨앗이 된다. 비교는 어제의 나와 비교하면 그뿐이고 비교라는 잣대는 내가 나 자신에게 쏘는 화살과도 같은 것이다. 우리는 살면서 스스로의 삶의 잣대를 만들어 가야 한다.

아름답게 늙어가는 삶을 살자! 곱게 늙어가자! 늙음 속의 낡음이 아닌 성숙과 새로움을 찾아내면서 아름답게 멋지게 늙어가자! 영국의 캐서린 하킴 교수는 '매력 자본'을 이야기하면서 매력이 자본이고 경쟁력이라고 정의하였다.

스위스 출신 정신과 의사이자 호스피스 운동의 선구자로 알려진 엘리자베스 퀴블러 로스는 그의 책 《인생 수업》에서 "죽음을 눈앞에 두고 있는 사람이야말로 우리 삶의 스승이다"라고 말한다. 삶은 기회이고 아름다움이며 놀이다.
"우리는 삶의 소중함을 느끼고 감상하고 누려야 하고 꼭 붙잡아야 하는 대상이다."
우리는 죽기 전에 권력이나 명예를 가지지 못한 것을 아쉬워하거나 돈을 많이 벌지 못한 것을 안타까워하지 않는다. 다만 더 많이 즐겁고 행복하게 살지 못한 사실을 후회하고 더 많은 사람을 사랑하지 못한 것을 후회할 뿐이라고……. 그녀는 우리가 삶을 살면서 하지 못해 후회할 일이 있다면, 그리고 간절히 원하는 것이 있다면 내일로 미루지 말고 당장 그것을 해야 한다고 말한다.
'나는 왜 이 세상에 왔나? 나는 지금 무엇을 위해서 살고 있나? 난 지금 어디에 서 있는가? 나는 어떻게 살아야 하는가?'라고 나 자신에게 물어보아야 한다.

내가 살아가는 삶, 주인이 되는 인생이란 무슨 의미일까? 스스로 차를 운전하게 되면 멀미를 하는 사람도 멀미를 멈추게 된다. 남이 운전하는 차를 타면 멀미를 하던 사람도 말이다. 나이보다 늙어 보이는 이유도 삶이 재미가 없고 삶의 목적이 흐려졌기 때문이다. 우리 삶도 남에 의해서 살아지는 삶이 아닌 내가 주인이 되어서 살아가는 삶이 돼야 한다.

우리가 혼자서도 잘 살아가는 사람이 되기 위해서 간과해서는 안 되는 것들이 있다.

우선, 가장 친한 친구는 자기 자신이다. 자기 자신과 대화할 줄 알아야 한다. 우리는 자신만의 가치를 발견하고 스스로의 품위를 지킬 줄 알아야 한다.

그리고 세상 모두에게 사랑받을 필요는 없다. 타인의 평가에 흔들리지 말자! 나 자신은 내가 가장 잘 알고 있다. 다음으로 나의 내면을 채우는 활동을 해야 한다. 나를 세상에 놓고 흔들지 말아야 한다. 남의 눈에 종속되지 말아야 한다. 삶은 결국 내가 주인이 되어서 살아가야만 하는 숭고하고도 존귀한 것이기 때문이다. 오늘도 내가 주인이 되는 나의 삶을 살아가자.

4. 행복도 전염이 된다

걱정, 웃음, 사랑, 행복도 전염이 된다. 행복은 향수와도 같아서 내가 먼저 뿌려야만 남에게도 향기를 나눌 수 있다고 한다. 행복한 사람의 곁에 있으면 나도 같이 행복해진다. 오늘의 삶이 만족스러우면 그것은 바로 행복한 삶이라고 할 수 있다. 인간의 행복은 가까운 사람과의 좋은 관계를 유지하는 것에서 출발한다. 사람은 자기가 행복하다고 생각하면 행복해진다. 그러기에 행복한 집에서 태어나 행복을 많이 느껴본 사람이 성인이 된 후에도 행복한 삶을 살아갈 확률이 높아진다.

부모의 사랑이 얼마나 중요한지는 역사적 사례를 통해서도 알 수 있다. 후삼국 시대 왕족 출신 궁예, 평민 출신 견훤, 호족 출신 왕건 중 좋은 아버지를 둔 왕건이 나라를 통일하고 고려 시대를 열었다. 궁예는 아버지가 없이 자랐고 그러다 보니 의심과 불신으로 주위 사람과 좋은 관계를 맺지 못하고 끝내는 쓸쓸한 최후를 맞이했다. 견훤도 평생 도움이 되지 않는 아버지로 인해 많은 어려움을 겪었고 끝내 아들 신검에게 배신을 당하는 불운을 맞았다. 한편 아버지의 따뜻한 품에서 세상을 살아가는 방법을 배운 왕건은 후삼국을 통일하고 고려를 세우는 대업을 이루었다. 그렇게 행복도 전염되고 유전되는 것이다.

칸트는 행복의 원칙을 몇 가지 제시했다. "우선 어떤 일을 할 것, 그리고 어떤 사람을 사랑할 것, 다음으로 어떤 일에 희망을 가질 것." 일은 취미처럼, 인생은 소풍처럼, '내가 하는 일을 즐기라'는 말이 있다. 사람이 가지는 사랑도 행복도 전염이 된다.

사람과 식물의 관계 속에서 반응하는 실험에서도 이 사실을 알 수 있다. 똑같은 환경 조건에서 '사랑한다'는 말을 들으며 자란 식물은 싱싱한데, '넌 정말 싫다'는 말만 듣고 자란 식물은 제대로 자라지 못하고 시들어버린다는 사례가 있다. 말에서 전해지는 파동과 파장 때문에 이러한 현상이 일어난다는 것이다. 즉 악담을 하는 순간 독소가 나온다고 하는데, 나쁜 말이 주는 악영향이 얼마나 큰지를 가늠할 수 있는 대목이다. 또 다른 실험에서도 물을 두 개의 컵에 담아놓고 하나의 컵에는 좋은 말을 하고 다른 하나의 컵에는 나쁜 말을 일정 기간 하였을 때 차이를 보면, 좋은 말은 맑은 육각수를 만들었고 나쁜 말을 들은 컵의 물은 결정체가 깨어지고 파괴되었다고 한다. 사람도 몸의 3분의 2가 물로 이루어졌다는데 좋은 말은 인간에게도 좋은 운과 행복을 불러올 수 있다.

행복과 관련된 '모나리자 효과'라는 이야기가 있다.
레오나르도 다 빈치의 《모나리자》는 언뜻 보면 미소를 짓고 있지만 다시 자세히 보면 사라지거나 우울한 표정으로 보이기도 한다. 우리는 이를 '모나리자 착시 효과' 즉 '모나리자 효과'라고 부르며, 모나리자의 미소는 83%의 행복과 9%의 혐오감, 6%의 두려움이 담겨 있다고 이야기한다. 어느 각도에서 바라보든지 그림 속 인물의 시선이 자신을 응시하는 것처럼 보인다는 모나리자 효과처럼, 세상 속의 행복한 시선도 나에게 온다는 생각을 가져보자.

상생은 음양오행에서 서로 도움을 주며 조화를 이루는 것을 의미한다. 즉 내가 먼저 베풀면 우주의 에너지가 돌고 돌아서 나에게 더 큰 행운으로 돌아온다는 의미이다.

물을 헤엄치던 거북이도 종종 몸이 뒤집어지는 경우가 있는데, 이때는 옆에 있는 동료 거북이 뒤집어진 몸을 바로 할 수 있도록 도와준다. 이 외에 악어와 악어새는 물론 까마귀와 미어캣도 서로에게 도움을 주고 도움을 받는다고 알려져 있다. 독수리가 미어캣을 공격하려는 징후가 보이면 가까이에 있는 까마귀가 '까악까악' 울면서 신호를 보내주고 이때 미어캣이 위험에서 피할 수 있게 된다고 한다.

우리가 노후를 잘 보내고 행복한 인생을 만들기 위해서 챙겨야 하는 것은 첫째로 잘하는 일보다 좋아하는 일을 해야 하고, 두 번째 되어야 하는 나보다 되고 싶은 내가 되도록 추구하는 것이 중요하다. 세 번째로는 소소함에서 삶의 즐거움을 찾는 노력을 해야 하고 외로울 때 집중할 수 있어야 한다. 돈과 시간의 균형을 맞추면서 여유로워질 수 있는 기회이기 때문이다.

일본의 자녀 교육 전문가 가나모리 우라코는 부모가 자식에게 남겨줄 수 있는 최고의 재산은 물질적인 것이 아니라, "내 부모는 정말로 행복하고 즐거운 삶을 살았다"라고 느끼도록 행복하게 살아가는 모습을 보여주는 것이라고 했다.
새해가 되면 우리는 원하지도 않는 나이를 또 먹는다고 억울해하는 경우가 있다. 그리고 나이가 들수록 더 민감해진다. 그러나 이를 선물이라고 생각하면 어떨까?

새해가 되면 서로가 복을 빌어주는 데 '복'이라는 의미를 다시 생각해 봄 직하다. 옛날 선현들에게 있어서 "복이란 어떤 큰 행운이 굴러들어오는 것이 아니라 재앙이 없는 삶이 무심히 이어지는 상태"라는 말에 더 큰 공감을 하게 된다.

몸에서 나오는 4가지 만병치료제가 있다. 사랑할 때 나오는 '도파민', 웃기만 해도 나오는 '엔도르핀', 편안한 마음에서 나오는 '세로토닌', 즐거울 때 나온다는 '다이돌핀'. 이는 모두 우리의 삶에 행복이라는 가치를 더해주는 에너지들이다. 행복 에너지를 나누고 사는 삶이 진정 행복한 삶이다.

5. 행복이 뭐 그리 어렵다고

행복은 아주 가까이 있다. 안경이 내 코에 걸려 있지만 잘 보이지 않는 것과 마찬가지로……. 행복은 뜨거운 광경이 아니라 고즈넉한 개인의 삶 속에서 찾을 수 있는 것이다. 《걱정하지 마라》는 책에서는 웃었던 날들이 모이면 행복이 되고, 좋아했던 날들이 모이면 사랑이 되고, 노력했던 날들이 모이면 꿈이 된다고 한다. 행복을 저축한다고 생각하지 마라. 행복은 저축한다고 모아지는 것이 아니라 그때그때 알차게 쓰는 것이다.

성공한 사람이 행복해지는 것이 아니라 행복한 사람이 성공하고 장수하는 것이다.

요즘 젊은이들에게는 '욜로(YOLO, You Only Live Once)' 족이 화두라고 한다. 인생이란 한 번뿐이니 삶을 즐기면서 최대한 행복하게 살라는 의미다. 미래를 위해서 현재를 희생하는 것을 당연한 삶의 미덕으로 삼고 살아온 기성세대에게는 언뜻 달갑게 느껴지지 않는다. 그러나 세상이 바뀌면 행복의 기준도 바뀔 수 있는 법, 소소한 일상에서 얼마든지 마주할 수 있는 작은 행복조차 간과하고 살아온 우리의 삶이 아쉬울 따름이다. 세상에서 성공이라는 가치보다 개인의 행복이란 가치가 더 큰 대접을 받는 것이 어찌 보면 당연한 일이다. 이제는 '욜로(YOLO)'나 '휘게(Hygge)'라는 거창한 단어가 아니라, 그동안 아껴 두고 미루어 놓았던 행복이라는 가치를 큰 이벤트를 통해서 얻는 것이 아니라 아무 일 없는 평범한 일상에서 느끼면서 마음의 평화를 가질 수 있다면 이것이 우리가 찾는 진정한 행복이 아닐까?

혼자서도 행복한 인생을 잘 살아가는 방법은 무엇일까? 우선 삶의 활력소가 되는 자신만의 취미와 관심사를 가지는 것이 중요하다. 그러면 건강한 생활 습관을 유지하기가 쉬워지고 노화를 효과적으로 늦출 수 있다. 요즘에 새로이 부각되는 긍정적 태도와 사회적 유대관계는 신가족주의 문화 흐름 속에서 가족과 친구, 그리고 지역 사회와 건강한 관계를 유지하는 것이 행복한 인생의 중요 가치로 떠오르고 있다.

평균 수명이 길어지면서 노후 빈곤을 피하기 위해 근검절약하는 습관과 평생 현역으로 살아가는 습관, 자녀와의 경제적 독립 등도 새로운 관심사로 제기되고 있다.

그러나 가장 중요한 것은 담백한 삶을 살아가는 것이 아닐까 한다. 담백한 음식이 몸에 좋은 것처럼 담백한 인생이야말로 평범하면서도 행복한 삶이라고 생각한다. '작은 것이 아름답다'는 이야기가 있듯이 삶에서 가장 가치 있고 빛나는 것은 작은 일들을 꾸준히 채워가는 하루하루 삶 속에서 작은 행복을 발견하는 것이다.

우리는 행복해서 삶이 소중한 것이 아니라 삶의 소중함을 알기에 지금 이 순간이 행복한 것이다. 그래서 삶의 소중함을 잘 모르는 것은 행복을 잊어버리고 사는 것과 다르지 않다. 세월은 우리를 기다려주지 않는다. "웃었던 순간들이 모이면 행복이 된다"라는 말이 있지 않은가?

행복한 삶이란, 좋은 삶을 살아가겠다는 생각 아래 열심히 일하고, 세상일을 긍정적으로 받아들이고, 사랑하는 사람과 대화하고, 좋은 사람들과 함께 여행하고, 소소한 일상에서 행복감을 찾아가는 것이다. 사람은 할 수 없는 것을 고민하는 순간 불행해질 수 있다. 포기할 것은 일찍 포기하고 욕심의 크기를 나에게 맞게 조절할 줄 아는 것이 삶의 지혜다.

"행복이란 저녁 때 돌아갈 집이 있다는 것, 힘들 때 마음속으로 생각할 사람이 있다는 것, 외로울 때 혼자서 부를 수 있는 노래가 있다는 것이다."
그 이상의 욕심은 내게 와 있는 행복조차 차버릴 수 있는 위험한 도박이다. 행복을 어렵다고 생각하지 말자. 행복한 삶의 비결은 내가 좋아하는 일을 하는 것이 아니라 지금 내가 하는 일을 좋아하는 것이며, 삶의 만족과 행복은 삶에서 얻은 결과물이 아니라 나 자신을 소중하게 여기는 과정에서 채워지는 것이다. 당신이 삶을 생생하게 느끼고 싶다면 삶 속에 있는 사소한 행복에 예민해지고 살아 있는 삶에서 기쁨을 찾아야 한다. 행복이란 남이 해결해 주는 숙제가 아닌 내가 책임지고 해결해야 하는 것이다.

삶의 가장 큰 주제인 인생과 행복은 어떻게 받아들이고 정의하느냐에 따라서 정말 가벼운 깃털처럼 달라질 수 있다. 인생과 행복은 무거운 것이 아니고 걸치지 않은 옷처럼 가벼워야 한다. 인생이란 다른 사람 눈치 보지 말고, 이것저것 고민하지 말고, 보고 싶은 사람 보고, 먹고 싶은 것 챙겨 먹고, 가고 싶은 곳이 있으면 애써 가고, 하고 싶은 일이 있으면 즐겁게 감당하는 것이 인생이다. 인생을 너무 어렵게 살지 말자. 행복이란 편하게 숨 쉴 수 있고, 배고플 때 밥 먹을 수 있고, 내 발로 어디든 갈 수 있고, 영화 보고 싶을 때 볼 수 있고, 편하게 커피 한 잔 할 수 있는 사람이 있다면, 그리고 마음이 편안해지는 내 집이 있다면 넘치는 것이다.

웃음은 누구나 웃을 수 있다. 그러나 미소는 행복한 마음이 가슴에 있을 때 지을 수 있다. 그래서 웃음보다 미소가 더 중요하다. 남의 잣대로 나의 삶을 재단하지 마라. 판단하지도 마라. 나의 삶은 오롯이 내가 주인이 되는 삶을 내가 사랑하는 것이다. 우리는 남에게 행복하게 보이기 위한 삶이 아니라 진정으로 내가 행복한 삶을 살아가는 것이며, 삶은 우리의 소중한 경험이자 행복이어야 하지 지나간 날들의 후회가 되어서는 안 된다. 결국 행복은 지금 이 순간 밖이 아닌 내 마음 안에서 세상의 아름다움을 찾아서 누려야 한다. 그리고 혼자 행복할 수 있어야 옆에 있는 사람과도 같이 행복을 나눌 수 있다.

6. 백 년도 힘든데 천 년을 살 것처럼

인생의 파티는 계속되지 않는다. 아무리 재미있는 영화도 커튼은 내려오기 마련인 것처럼…… 셰익스피어는 우리의 인생이란 "내가 주인공이 되는 한 편의 드라마"라고 말했다. 그 주인공은 행복해야 하고 그것은 온전히 자기 자신의 몫이다. 따라서 우리는 살면서 스스로 행복해할 줄 알고 스스로를 위로할 줄도 알아야 한다.

그저 무사하고 안온한 하루하루가 우리 삶의 순간들을 평화롭게 채워주는 무사한 일상을 만들어주고, 그런 날들이 이어져서 특별함이 없는 하루하루가 우리의 삶을 더 소중하게 만들어 준다. 행복의 비결은 많은 성취에 있는 것이 아니고 바라는 것을 잘 조절하는 것이다. 즉 행복이란 것도 자기가 정하는 것이다. 내가 원하는 바를 조절하는 것이며 감사할 줄 아는 것이다.

노자는 《도덕경》에서 삶을 단순화하고 자연의 흐름에 따라 힘을 빼고 더 큰 지혜를 추구하라고 말하고 있다. 즉 단순한 삶이 풍요로운 삶이다. 삶에 있어 행복은 타인의 시선이 아닌 나 자신 안에 있는 것이다. 당신은 당신의 인생을 무엇으로 채우고 있는가? 당신이 필요하지 않은 것들에 당신의 시간과 노력을 쏟고 있지는 않은지 생각해 보자.

물의 힘을 새기게 하는 글이 있다. 어떤 그릇에나 담기는 융통성, 낮은 곳을 찾아 흐르는 겸손, 막히면 돌아갈 줄 아는 지혜, 바위도 뚫는 물방울의 인내와 끈기, 구정물도 받아주는 포용력, 흐르고 또 흘러서 바다로 이르는 대의……. 이는 노자의 '수류육덕(水流六德)'을 풀어쓴 글이다. 사람들은 내 마음 같지 않고 인생은 내 뜻대로 되지 않는다. 사는 게 재미없는 사람이 많은 이유는 너무 많은 것을 참고 살기 때문이다. 그렇게 즐기지 않고 참기만 하다 보면 먹고살기 위해 일만 하는 삶을 살게 된다. 자신의 인생을 살아라. 자신이 주인공이 되는 인생을 살아야 한다.

중년의 인생은 목적이나 목표보다 여정이 더 중요하다. 나이 드신 분들에게 "나이가 젊어져 옛날로 돌아간다면 몇 살로 돌아가고 싶은가?" 하고 물으면 흔히 중년의 나이인 50~60대를 이야기했다고 한다. 젊을 땐 젊음을 모르고, 사랑할 땐 사랑을 모르고, 행복할 땐 행복을 모른다는 이야기를 다시 한번 되새겨 보자. 중년의 50~60대라는 나이는 인생의 황금기를 살고 있다는 사실을 한시라도 잊지 말자.

신이 인간에게 준 가장 공평한 선물은 죽음이라고 한다. 사람의 유한한 삶 속에 영원한 것은 없다. 어느 가수가 "백 년도 어려운데 천 년을 살 것처럼"이라고 노래하며 인생을 낭비하고 있는 건 아닌지 돌아보라고 세상 사람들을 향해 외쳤다. 베푸는 삶이, 집착하지 않는 삶이, 미련이 없는 삶이 잘 사는 삶이고, 나에게 없는 것을 구하려 하지 말고 있는 것에 만족할 줄 아는 긍정의 마인드가 우리 삶을 잘 사는 삶으로 만든다. 우리가 좋아하는 돈도 이 세상에 있는 재화를 내가 잠시 빌려서 쓰다가 돌려주고 가는 것이 아닌가?

세상의 사람들에게 스마트폰이라는 선물을 주고 우리 나이 57세라는 아까운 나이에 세상을 등진 스티브 잡스의 회고록을 다시 한번 새겨 보자. 그는 이렇게 말했다.

"나는 사업에서 성공의 최정점에 도달했었다. 세상의 사람들에게 비즈니스계에서 큰 성공을 거둔 멋진 삶의 소유자로 내 삶이 성공의 전형으로 보였을 것이다. 그러나 나는 삶의 기쁨이라곤 느끼지 못했다. 지금 이 순간 병석에 누워 지난 삶을 회상해 보면, 그토록 자랑스럽게 여겼던 나의 삶과 부는 임박한 죽음 앞에서 아무런 의미도 없다.

이제야 깨달은 것은 굶지 않을 정도의 돈만 있으면 더 이상 돈 버는 일과 상관없는 일에 관심을 가져라. 그건 인간관계일 수도 있고, 예술일 수도 있으며 어린 시절부터 가졌던 꿈일 수도 있다. 평생에 내가 벌어들인 재산은 가져갈 도리가 없고, 내가 가져갈 수 있는 것은 오직 사랑으로 기억되는 추억뿐이다. 그것이 진정 사람이 가질 수 있는 '부'이다."

"삶에는 한계가 없다. 가고 싶은 곳은 가라! 오르고 싶은 곳은 올라가 보라! 모든 것은 마음먹기에 달려 있다. 어떤 것이 세상에서 가장 비싼 침대일까? 그건 '병원의 침대'이다. 현재 당신의 인생이 어디까지 왔든지 간에 때가 되면 인생 무대의 막이 내려가는 순간이 온다. 가족을 위한 사랑, 그리고 이웃을 향한 사랑을 귀히 여겨라. 그리고 자신을 사랑하라."

우리는 행복해야 한다. 인생은 짧다. 지금 당장 행복하라!

우리는 지금 여기서 행복을 찾아서 느껴야 한다. 사소한 것에서도 우리는 행복을 찾을 줄 알고 느낄 수 있어야 한다. 삶의 어려움을 두려워하지 말고 이겨내야만 한다. 나 자신은 누구보다 소중한 존재이기에 나를 사랑하고 나를 잘 알아야 한다. 그리고 자신의 가치와 소망을 실천하기 위해 자유롭게 살아야 한다. 내가 행복해져야 주위의 사람들과 행복을 나눌 수 있기 때문이다. 우리가 진짜 행복을 느낄 때는 내 것이 많을 때가 아니라, 내가 좋아하는 것을 함께 할 수 있는 사람이 옆에 있을 때라고 하지 않는가?

공수래공수거(空手來空手去)는 고려 말의 '부운(浮雲)'이라는 시에서 유래했다고 한다.

"빈손으로 왔다가 빈손으로 가는 것이 인생이다.
날 때는 어느 곳에서 왔으며, 죽을 때는 어느 곳으로 가는가.
난다는 것은 한 조각 구름이 일어나는 것이며,
죽는 것은 한 조각 구름이 없어지는 것이니……."

이 시에 나오는 '한 조각의 구름'이 바로 내가 아니겠는가?

7. 얼굴 반찬을 아시나요

우리 인생의 짧은 봄날은 간다. 100세 시대가 가까워진 요즘 휘슬이 언제 울릴지 모르는 인생의 연장전을 사는 이들이 점점 많아지고 있다. 언제 끝날지 알 수 없는 연장전의 삶을 살고 있는 이들은 우리에게 말한다.

"보기 좋은 한창때다."

내 삶은 이렇게 시들어가고 있는데…….

젊을 때, 행복할 때에도 우리는 살면서 내 삶이 얼마나 행복하고 좋은 때인지 그 시간이 지나고 나서야 알게 된다. 가족 간의 정 또한 마찬가지가 아닐까? 몸은 떠나 있기에 오늘도 고향을 홀로 지키고 계시는 어머니께 한 번이라도 더 찾아가야만 하는 이유는, 자식을 눈 빠지게 기다리는 어머니 얼굴이 있기 때문이다.

일반적으로 밥을 맛있게 먹으려면 맛있는 반찬이 있어야 하지만, 즐겁고 행복한 식사 시간을 가지려면 '얼굴 반찬'이 있어야 한다. 그러기에 좋은 사람, 사랑하는 사람과 얼굴을 마주하며 하는 식사는 가장 즐겁고도 행복한 일이다. 혼밥에 익숙해져 있는 어머니께서도 자식과 함께하는 식사에서는 평상시보다 더 많은 양의 식사를 맛있고 즐겁게 드시고 소화도 잘 시키시는 것은 자식이라는 얼굴 반찬이 함께했기 때문이다. 누구는 가족이라는 관계를 이렇게 표현한다.

"같이 밥상에서 맛있는 깻잎을 먹을 때 잘 먹을 수 있도록 젓가락으로 도와주는 것이 가족이라고……."

그저 무사하고 안온한 하루하루가 우리 삶의 순간들을 평화롭게 채워주는 무사한 일상으로 만들어주고, 어찌 보면 특별함이 없는 하루하루가 우리의 삶을 더 소중하게 만들어 준다. 저녁때가 되면 무탈한 시간으로 채워준 하루에 감사하고 별일 없이 고향을 지키시면서 잘 계신 어머님께도 감사한 마음이 든다.

사랑은 남았어도 효도는 점점 흐려지는 세상, 맹자는 "효를 백행의 근본"이라고 강조하였으나 진정한 효는 찾을 수 없고 불효자들이 점점 넘쳐나는 세상이라고 개탄한다. '가지 많은 나무에 바람 잘 날이 없다'고 한다. 자식 없는 노인은 노후가 쓸쓸하기 쉬우나 자식이 많은 노인은 노후가 심란하기 쉽다고 한다. 못 배우고 못난 자식이 효도하기 쉽고 못난 자식만 내 곁에 남아 내 몫이 된다고도 한다. 저 산에 있는 잘생긴 나무들은 재목이 되어 베어져 나가고 없고 못생긴 소나무만 남아 산을 지킨다고 한다. 못생긴 나무라도 아쉬운 것이 요즘의 세상인 것 같다.

일찍이 장자가 "공경으로 효도하기는 쉬우나 사랑으로 효도하기는 어렵다. 어버이를 잊기는 쉬우나 어버이가 나를 잊게 하기는 어렵다"고 말했다. 세월은 가고 고향은 아물아물해지고 효도하려던 부모님은 떠나가시고, 피붙이와 함께했던 옛날의 아름다운 추억만이 가슴 한쪽에 남았다.

부모와 자식은 특별한 인연이다. 우리는 흔히 부모와 자식 간의 인연을 천륜이라고 말하지만, 자식 중에는 부모에게 은혜를 갚으러 나온 자식과 빚진 것을 받으러 온 자식이 있다고 한다. 효는 끝나고 사랑만이 남아가는 세상의 변화 속에서 다시금 우리 가정과 사회를 돌아볼 일이 아닌가 생각한다.

언젠가 누군가 들려준 늑대 남편 이야기가 생각난다. 늑대는 평생 한 마리 암컷만 사랑하고, 자신의 암컷과 새끼를 위해서 목숨을 바친다고 한다. 사냥을 하면 먹이를 암컷과 새끼에게 먼저 양보하고 독립한 후에도 종종 부모를 찾아와 인사를 한다고 한다. 새 중에도 흉조로 알려진 새지만 까마귀는 머리가 좋으면서 부모가 죽을 때까지 가족을 버리지 않는 효도조(孝道鳥), 즉 새끼 까마귀가 자라서 어미에게 먹이를 되돌려 준다는 '반포조(反哺鳥)'라는 사실도 우리는 기억해야 한다.

어린 시절 자전거를 배울 때 아버지나 형이 뒤에서 자전거를 잡아 주었다가 밀고 놓아준다. 이때 형이나 아버지의 마음이 단단히 지켜봐 주기에 우리는 넘어지지 않고 잘 갈 수 있었다. 이것이 부모님의 사랑하는 마음이 아닌가 한다. 산다는 건 누군가를 만나는 것이고 관계이다. 말을 주고받고 같이 먹고 함께 걷고, 그리고 의기투합하고 다투기도 하고, 이렇게 지지고 볶는 것이 일상이고 인생이다. 사람은 다른 사람의 심장을 데워 줄 수 있는 따뜻한 마음을 가지고 있다. 그러기에 우리는 그 따뜻함을 함께 나누어야 한다. 그래야 이 땅과 세상이 살 만한 곳으로 되지 않을까?

세기의 대참사로 불리는 2001년 9·11 테러. 당시 여객기 탑승자와 세계무역센터의 희생자들은 어떠한 말을 남겼을까? 그들은 죽음을 직감하고 휴대폰을 통해 사랑하는 이들에게 가슴을 울리는 사랑의 마음을 전했다고 한다.

"여보! 당신은 끝까지 행복해야 해. 사랑해."
"우리 딸! 정말 사랑한다. 아빠가 미안해."
"여보! 나 어떻게 해! 내가 당신을 끝까지 지켜줘야 하는데……."
"여보! 사랑해, 그리고 아이들 잘 부탁해."
"사랑하는 어머니! 어머니 앞에 좋은 아들이 되려 했는데 불효자가 되고 있네요!"

이렇게 가족을 사랑하는 마음을 마지막 순간까지 전하려고 애를 썼다고 한다.
가슴이 먹먹해지는 순간이다. 가족이라는 'FAMILY'는 그래서 "Father And Mother, I Love You"라는 의미로 불리는지 모르겠다. 운명은 관계의 지도이고 그 출발은 가족이라고 한다. 오늘따라 부모님, 형제 그리고 피붙이들이 더 많이 그리워지는 날이다.

8. 삶 그리고 죽음

조금은 무거운 죽음에 관하여 이야기를 해보자.

잘 죽으려면 잘 살아야 한다는 이야기가 있다. 세상 사람들과 관계를 잘하고 사랑을 주고 사랑을 받는 데에도 서툴지 않아야 행복해질 수 있고, 삶 또한 행복하게 마무리할 수 있다.

《천 번의 죽음이 내게 알려준 것들》이라는 책을 쓴 가정의학과 김여환 교수는 "인생은 좋은 죽음을 맞기 위해 살아가는 과정"이라고 말하면서 열심히 삶을 살아온 사람들이 오히려 죽음을 잘 받아들인다고 썼다. 그만큼 세상을 열심히 살았기에 자신과 세상에 대한 빚이 적다고 느끼기 때문일 것이다.

그리고 죽음에 이르면 연민과 사랑과 같은 따뜻함이 묻어날 때도 있지만, 사람과 사람 사이에 얽힌 갈등, 돈과 욕심 등 삶의 여정에서 드러난 희로애락이 그대로 죽음으로까지 이어지는 경우가 많다고 한다. 불효가 한으로 남아서 떠나려는 부모를 고집스럽게 붙잡는 자식이 있는가 하면, 환자 앞에서까지 돈 때문에 싸우는 가족, 그 외에도 사랑과 갈등 그리고 인간의 욕심이 빚어낸 다양한 양태의 인간의 모습이 숭고한 죽음 앞에서까지 그대로 이어지는 현실을 우리는 보고도 또 보고 있다.

언젠가 병원에 근무하는 분으로부터 이러한 이야기를 들은 적이 있다. 호스피스 병동에 근무하는 간호사 이야기였다. 그들이 호스피스 병동에 들어올 때 일부는 더 많은 경제적 보상 등을 염두에 두고 와서 근무를 하는 경우도 있는데, 1년 정도가 지나면 삶에 대한 가치관이 크게 변하면서 삶을 대하는 마음과 자세가 달라진다고 한다. 호스피스 병동에 오래 근무한 의사가 말하는 '임종을 앞둔 사람들에게서 들은 이야기'는 "이렇게 죽어가는데 나는 왜 그리 열심히 살았나?", "세상 사람들 눈치를 보고 가족과 자식을 위해서만 살다 보니 나는 없었다", 그리고 "다 쓰지도 못하면서 왜 '돈돈'하고 살았는지 모르겠다"는 후회였다고 한다.

호스피스는 원래 '순례자의 안식처'란 의미에서 이제는 편안한 죽음을 맞이하는 것으로 그 의미가 달라졌다. 그런 삶의 마지막을 앞두고 사람이 제일 하고 싶은 일을 미리 그려보라고 한다. 즉 인생을 미리 그려보고 그것을 실천해 보는 것, 그것이야말로 우리 인생 마무리에 가장 좋은 방법이 될 수 있기 때문이다.

호스피스 병동을 지키면서 수많은 죽음을 목격한 한 간호사가 깨달은 죽음의 비밀은 "잘 죽으려면 잘 살아야 한다"라는 의미로 삶의 가치를 부여하였다. 잘 산다는 의미는 관계를 잘한다는 뜻이다. 관계는 시간의 투자를 필요로 하고 삶 속에서 맺어진 인연들과 끈끈한 관계 속에서 좋은 시간을 쌓아가는 것이다.

생전 위인들이 세상을 떠나기 전 세상의 사람들에게 남긴 말을 들어 보자.

나폴레옹은 "나는 불행했다. 프랑스, 군대, 조세핀"을 부르며 초라하게 죽음을 맞았고, 베토벤은 "친구여, 박수를⋯⋯. 희극은 끝났다"며 인생의 허무를 이야기하며 세상을 떠났다. 괴테는 "창문을 열어다오, 빛을⋯⋯."이라며 어둠을 저주하면서 죽어 갔다고 한다.

우리보다 수천 년을 앞서 삶을 살았던 장자는 "죽음은 특별한 사건이 아니라 자연스러운 인생의 과정적 절차"라고 말했다. 즉 장자는 삶과 죽음을 하나로 이해하고 있었던 것이다. 그는 《나비의 꿈》에서 그가 나비가 되어서 돌아다니는 꿈을 꾸고 나서 인생은 잘 놀다 가는 것이라고 이야기하고, 세상을 떠나는 것은 순리이며 죽음은 새로운 시작이라고 말했다.

아프리카에서 33년간 의료봉사를 한 유덕종 교수는 "아픈 환자를 치료하러 갔다가 거꾸로 내 인생을 고쳤다"고 말했다. 그의 '삶의 처방전은 낮아짐'이었다고 강조했다. 법의학자 유성호 교수도 그의 책에서 "삶을 사랑한다면 죽음을 준비하라"고 썼다. 그는 "좋은 죽음을 맞이하기 위해서 아무런 준비를 하지 않는 것은 아무것도 하지 않고 생명을 유지하겠다는 것과 다름없다"라고 말하면서 유언의 의미를 새롭게 해석하기도 했다. 유 교수는 일본의 '슈카츠(終活)'라는 엔딩 노트 이야기를 전하면서 우리가 죽음을 의식하며 산다면 더 겸손해지고 더 진지하게 충만한 삶을 살 수 있다고 이야기하고 있다.

'메멘토 모리(Memento Mori)'는 "자신의 죽음을 기억하라" 또는 "너는 반드시 죽는다"는 것을 기억하라는 의미의 라틴어이다. 고대 로마 제국 시대에 원정에서 승리하고 개선하는 장군이 행렬의 뒤에서 이 말을 큰 소리로 외치게 했다고 한다. 그 의미는 전쟁에서 승리하였다고 너무 우쭐대지 말라는 의미에서 왔다고 하며, 우리는 누구나 죽음을 피할 수도 없으니 삶에서 진정한 우선순위를 찾고 거기에 집중하라는 의미라 한다.

기원전 323년 32살이라는 젊은 나이에 사망한 알렉산드로스 대왕은 "내가 죽으면 나를 관에 넣고 관 뚜껑에 구멍을 두 개 뚫어서 두 손을 꺼내 놓도록 하여라. 그리고 관을 둘러메고 온 시내를 돌아다녀라. 그리고 알렉산드로스 대왕조차도 갈 때에는 빈손으로 간다는 사실을 세상 사람들에게 널리 알려라"고 유언했다고 한다. 죽음학자 퀴블러 로스는 "죽는 과정을 부정하고 왜 나만 죽어야 하느냐 화를 내고 조금만 더 살게 해달라고 매달리다가 우울감에 빠지고 결국은 숙명처럼 받아들이게 된다"고 말했다.

우리는 삶의 무거움과 죽음의 가벼움을 생각해야 한다. 그래야 더한 욕심이 부질없다는 사실을 깨닫게 된다. 죽음은 그 죽음을 딛고 더 아름다운 세상으로 떠나는 여행과 같은 것이다. 문학평론가 김현은 "사람은 두 번 죽는다. 한 번은 육체적으로, 또 한 번은 타인의 기억 속에서 사라짐으로써 정신적으로 죽는다"고 했다. 자연의 섭리인 계절을 살펴보면 아무리 더운 여름도 시간이 지나면 날씨는 서늘해지면서 가을이라는 계절에게 자리를 넘겨주고 떠나기 마련이다. 우리 사람의 인생도 마찬가지가 아닐까 생각한다. 우리는 많은 것을 다음을 위해 미루지만 오늘 이 순간의 행복만은 절대 미루지 말아야 한다. 항상 다음이라는 기대와 약속이 우리에게 반드시 온다고 확신할 수 없기 때문이다. 사람이 잘 살았는지는 죽은 후 관 뚜껑을 닫고 나서야 진정한 그 가치를 알게 된다.

'제행무상(諸行無常)'이라는 단어가 있다. 이는 태어난 것은 반드시 죽고 형태가 있는 것은 반드시 사라진다는 의미이다. 이는 어쩌면 우리 인간도 거부할 수 없는 우주의 섭리이다. 누구는 말한다. "죽음이란 시골의 버스 정류장에서 언제 올지도 모르는 버스를 마냥 기다리는 것과 같은 것"이라고……. 그러나 기다리던 버스는 빨리 와주는 것이 좋지만 죽음은 그 반대인 것이 우리 인간의 숙명이요 바람이다. 죽음은 누구에게나 찾아오는 자연스러운 과정이자 숙명이기에…….

9. 공수래공수거

누구나 한 번쯤은 불러본 노래, 나훈아 님의 '공'이라는 노래가 있다. 해가 가고 나이가 들어갈수록 다른 느낌으로 다가오는 노래이다. 가사는 이렇다.

"살다 보면 알게 돼, 일러주지 않아도 너나 나나 모두 다 어리석다는 것을. 살다 보면 알게 돼, 알면 웃음이 나지. 우리 모두 얼마나 바보처럼 사는지. 잠시 왔다 가는 인생, 잠시 머물다 갈 세상, 백 년도 힘든 것을 천 년을 살 것처럼. 살다 보면 알게 돼, 버린다는 의미를, 내가 가진 것들이 모두 부질없다는 것을……."

인생과 전철은 '다시'란 말이 없다. 즉 선택은 앞으로 가는 일만 가능하다. 앞으로 직진뿐이라는 우리의 인생에서 가장 소중한 가치는 무엇일까? 2023년 타계한 삼영화학의 이종환 명예회장은 장학재단을 만들어 학생들에게 장학금을 지급하는 등 평생 1조 7,000억 원을 기부했다고 한다. 이런 베푸는 삶을 살았던 그는 '공수래(空手來), 만수유(滿手有), 공수거(空手去)'라는 말을 세상에 남겼다. 즉 "빈손으로 와서 손에 가득 채운 뒤 사회에 돌려주고 빈손으로 돌아간다"는 의미다. 삼성그룹 고(故) 이건희 회장도 집무실에 '공수래공수거(空手來

空手去)'라는 부친이 쓴 작품을 걸어놓고 가까이했다고 한다. 2021년 이 회장과 유족은 유산의 약 60%에 달하는 사상 최대 규모의 재산을 사회에 환원했다고 한다.

공수래공수거는 원래 불경의 법문에서 온 문구다. 그 의미는 "비워라! 비우거라! 가득 찼느니라. 복잡하거니 텅 빈 것이 가벼우니 비우거라. 잠시 왔다 가는 인생 뭐 그리 무겁게 지고 있는지, 내려놓고 한숨 돌리면 이렇게 편한 것을……. 인생이란 잠시 머물렀다 가는 것이다."

우리는 삶을 살면서 남의 것을 대신 지켜주고 관리해 주는 청지기처럼, 우리의 삶도 내가 가진 모든 것들을 세상에서 잠시 빌려 쓰고 간다는 마음을 가지면 삶은 더욱 겸손해지고 인생 또한 훨씬 쉬워지고 가벼워질 수 있다. 잠시 머물렀다가 가는 것이 우리의 인생이라 하는데 천년만년 살 것처럼 욕심으로 살고 있다.

지금부터라도 내가 가진 모든 것에 대하여 겸손한 마음을 가지고 욕심을 내려놓아야 한다. 결국 마지막에 남는 것은 가족과 친구와 세상의 사람들과 나누었던 따뜻한 사랑뿐이라 하지 않았는가? 철학자이며 정치가이자 종교지도자였던 지혜의 왕 솔로몬도 인생이란 "헛되고 헛되니 모든 것이 헛되도다"라는 말을 남겼다.

중국에서 2008년은 역사의 한 획을 긋는 큰 변화를 가져온 터닝포인트의 해였다. 2008년 베이징 올림픽을 위하여 '국가 대개조'라 불릴 정도로 기간 시설에 대한 대대적 건설과 현대화가 진행되었다. 한편 올림픽 행사를 치른 후 쓰촨성 대지진이라는 국가적인 대재난을 겪으면서 중국인들이 삶을 돌아보는 계기가 되었으며, 그때부터 '유커'라는 이름이 세계 여행업계에 생겨나는 계기가 되었다고 한다.

돈을 벌기 위해 대도시에 나간 중국의 농민공들은 은행 시스템을 믿지 않아 번 돈을 고향에 있는 항아리에 모아두었는데, 대지진 후 파괴된 건물 등을 복구하는 과정에서 주인을 잃은 많은 돈이 국고에 귀속되었고 개인의 재산이 유산으로 바뀌는 현장을 눈으로 보면서 삶을 바라보는 중국인들의 인생관이 크게 바뀌었다고 한다.

즉 힘들게 번 돈이라도 내가 잘 쓰면 소중한 나의 재산이 되지만 그렇지 못하면 유산이 된다는 이야기이다. 일본에서도 매년 노인 사망자가 쓰지 못하고 남기는 재산 약 5,000억 엔이 국가로 귀속이 된다고 알려져 있다.

《80세의 벽》 저자이자 노인 의학 전문가인 와다 히데키는 "60세 이후 돈은 통장에 있을 때보다 지갑에 있을 때 빛난다"고 했다. 사람은 나이가 들어갈수록 돈을 쓰기 힘들어진다는 사실을 알아야 한다. 악착같이 모은 돈이기에 나를 위해서 쓰는 지혜가 필요하다. 돈은 가치를 더 많이 가져다줄 때 써야 한다. 돈은 원래 가지고 있을 때보다 쓸 때 그 가치가 더 빛나는 것이다. 즉, 적시에 적당한 용처에 잘 쓰는 사람이 현명한 사람이다. 돈은 쌓아 두기 위해서가 아니라 잘 쓰기 위해 버는 것이다. 우리는 돈을 버는 순간 그런 사실을 잊어버리고 사는지도 모른다. 돈은 나 자신과 나보다 더 필요한 사람을 위해서 쓰는 것이 가장 현명한 사용법이다. 자식에게도 돈이라는 유산보다는 삶을 살아가는 데 필요한 지혜와 행복하게 살아가는 부모의 모습을 보여주는 것이 더 중요하다.

세상에서 가장 아름다웠다고 하는 오드리 헵번. 그녀의 개인적인 삶은 행복하지 않았으나 생의 마지막은 눈부셨다고 이야기한다. 그녀가 아들에게 유언처럼 들려주었던 시가 지구촌 사람들의 삶을 돌아보게 한다.

"아름다운 입술을 갖고 싶으면 친절을 말하라. 사랑스런 눈을 갖고 싶으면 사람들에게서 좋은 점을 보아라. 날씬한 몸매를 갖고 싶으면 너의 음식을 배고픈 사람과 나누어라. 아름다운 자세를 갖고 싶으면 결코 너 혼자 걷고 있지 않음을 명심하여 걸어라. 만약 도움의 손이 필요하다면 너의 팔 끝에 있는 손을 이용하면 된다. 네가 더 나이 들면 손이 2개라는 걸 발견하게 된다. 한 손은 너를 돕는 손이고 다른 한 손은 남을 돕는 손이다."

우리나라에도 고령화가 급속하게 진행되고 베이비붐 세대가 노년층에 편입됨에 따라, 60세 이상 장년층 세대에서 보유 중인 자산이 우리나라 전체 자산의 40% 이상이 되는 현실이 되었고 이들이 돈을 써야 우리 경제가 살아난다고 경제학자들이 이야기하는 상황이다. 사람이 죽으면서 돈을 남기면 하수, 명예를 남기면 중수, 이름을 남기면 고수의 삶이라는 말이 있다. 우리가 남에게 선물을 줄 때는 자기가 가진 것 중 "가장 소중한 것을 주는 것"이라는데, 내가 이 세상을 위해 남길 수 있는 선물 이상으로 가치가 있고 소중한 것은 과연 무엇일까?